DÊ TEMPO
AO TEMPO

CHRISTIAN BARBOSA
ALEXANDRE RODRIGUES BARBOSA

DÊ TEMPO AO TEMPO

30 PASSOS PARA UMA VIDA MAIS PRODUTIVA E FELIZ

Copyright © Christian Barbosa, 2019
Copyright © Alexandre Rodrigues Barbosa, 2019
Copyright © Editora Planeta do Brasil, 2019
Todos os direitos reservados.

Preparação: Fernanda Guerriero Antunes
Revisão: Laura Pohl e Project Nine Editorial
Diagramação: Vivian Oliveira
Capa: Anderson Junqueira
Imagem de capa: Chones/Shutterstock

Dados Internacionais de Catalogação na Publicação (CIP)
Angélica Ilacqua CRB-8/7057

Barbosa, Christian
　　Dê tempo ao tempo: 30 passos para uma vida mais produtiva e feliz / Christian Barbosa, Alexandre Rodrigues Barbosa. – São Paulo: Planeta, 2019.
　　272 p.

ISBN: 978-85-422-1663-9

1. Técnicas de autoajuda 2. Felicidade 3. Produtividade 4. Sucesso I. Título II. Barbosa, Alexandre Rodrigues

19-1003　　　　　　　　　　　　　　　　　　　　　　　CDD 158.1

Índices para catálogo sistemático:
1. Técnicas de autoajuda 158.1

2019
Todos os direitos desta edição reservados à
EDITORA PLANETA DO BRASIL LTDA.
Rua Bela Cintra 986, 4º andar – Consolação
São Paulo – SP CEP 01415-002
www.planetadelivros.com.br
faleconosco@editoraplaneta.com.br

Sumário

Prefácio 7
Toda jornada começa com um passo... de cada vez 13

1º   Encontre o seu ponto de equilíbrio............................ 21
2º   Estabeleça sua meta de felicidade 33
3º   Veja seus problemas como oportunidades 43
4º   Destrua suas ilusões 51
5º   Brinque como uma criança 59
6º   Durma como se não houvesse contas a pagar 69
7º   Livre-se de suas preocupações, principalmente antes de dormir 79
8º   Descubra os alimentos que fazem mal ao seu organismo 83
9º   Invista um tempo de qualidade com sua família regularmente 89
10º Elimine de sua vida pessoas negativas e falsas 97
11º Escolha bem seus amigos e mantenha-os sempre perto 103
12º Organize bem seu tempo para ter equilíbrio e resultados 109
13º Estabeleça o ritmo ideal para sua vida......................... 121
14º Descubra seu maior talento e desenvolva-o ainda mais........... 127
15º Encontre um trabalho que você ame de verdade................. 133
16º Volte a ser criativo como as crianças 141

17º Veja tudo com novos olhos e encontre
alguma novidade por semana 149

18º Descubra se você está sobrecarregado 155

19º Como melhorar o ambiente de trabalho 161

20º Elogie as pessoas que você ama e seja grato 181

21º Saia da sua zona de conforto 193

22º Pratique um esporte que exija equilíbrio físico,
mental, emocional e espiritual 201

23º Aprenda a lidar com seu dinheiro e planeje o
seu futuro financeiro 209

24º Faça um pouco mais sem precisar gastar mais horas 219

25º Tome a iniciativa 229

26º Vença sua timidez 235

27º Busque sua unidade: dê o seu máximo e faça o seu melhor.....241

28º Simplifique as coisas e elimine o desnecessário.............. 249

29º Faça algo memorável 253

30º Acredite: ajude a fazer alguém feliz 259

Agradecimentos 269

Prefácio

Em 2019, atingi um marco histórico na minha vida: faz duas décadas que comecei uma jornada produtiva, desde o primeiro curso de produtividade do qual participei, cujas aulas passei a frequentar porque meu dia a dia era uma bagunça – só trabalhava, não tinha tempo para nada e deixava tudo para a última hora. A empresa da qual sou proprietário era um reflexo de como eu vivia, e minha vida particular era apenas uma continuação do trabalho. Foi necessário atravessar um susto, um sério problema no estômago, para que eu pudesse repensar tudo.

A produtividade me trouxe uma nova maneira de viver: aprendi a andar em vez de correr; a ter mais tempo em um dia sem precisar de 48 horas. Mergulhei com profundidade no tema – desenvolvi um software – passei a oferecer consultoria, pesquisas e palestras, treinei milhares de pessoas. Nosso método alcançou milhões ao redor do mundo, e quanto mais pesquiso e aprendo sobre produtividade, mais eu comprovo que ela é o caminho para a felicidade.

A melhor parte dessa caminhada é saber que a produtividade não é algo intangível, qualitativo ou que acontece depois da motivação do fim de um curso. Após aprendê-la, você muda padrões de comportamento e suas ferramentas, adota novas formas de planejar, priorizar e decidir como usar o seu tempo. Você cria uma vida completamente nova, com mais realizações e equilíbrio.

A conjunção "e", quando usada no lugar de "ou", muda tudo: indivíduos sem tempo (ou seja, sem produtividade) fazem uma coisa ou outra, sacrificam algo em detrimento de outra coisa para o qual não tiveram tempo; pessoas "e", por sua vez, fazem duas coisas, alocadas no momento que escolhem realizá-las – levam, portanto, uma vida com mais opções, realizações e equilíbrio. Literalmente, é uma vida mais feliz.

Felicidade é um assunto amplo, sobre o qual devem existir duas ou três centenas de livros escritos só na Amazon. No entanto, felicidade não se compra na livraria ou na farmácia, mas, ainda assim, podemos ter alguns *insights* interessantes ao ler sobre ela. E eu queria compartilhar uma descoberta bem nerd que partiu da inteligência artificial (tema do meu próximo trabalho, por isso acompanhe minhas redes sociais para saber mais).

Aprendi a programar quanto tinha 9 anos de idade. Não era lá muito bom nisso, mas fazia umas coisas bem legais em BASIC (*Beginner's All-purpose Symbolic Instruction Code*), depois em linguagem C, C++ e várias outras muito interessantes. Nunca fui brilhante nisso, mas me virava bem. Programar foi importante na minha vida durante um bom tempo, até que comecei a me afastar dessa atividade para assumir um papel mais estratégico. Desde a venda da empresa, nunca mais havia me dedicado à programação.

Na minha jornada de pesquisas sobre produtividade, uma das coisas que descobri que fazem uma grande diferença para uma pessoa ser produtiva é a capacidade que ela tem de desenvolver e manter hobbies produtivos. Vale aqui uma explicação e diferenciação.

A definição de hobby é "passatempo favorito"; atividade realizada por distração e divertimento, não por obrigação; algo que você faz por prazer. Pense em quando descobriu um novo hobby na sua vida. Houve um momento em que você quis tanto aprender mais sobre ele que ficou ansioso? Sabe aquela ansiedade boa, que o faz terminar rapidinho suas obrigações para não perder algo de que gosta? Eu senti isso algumas vezes, como quando era criança e adorava o *tae kwon do*. Mais tarde, passei pelo mesmo com ioga, microeletrônica, conserto de eletrônicos, tênis e (agora) velejar.

O hobby se torna tão presente que deixa de ser um passatempo. No início, o *tae kwon do* era minha paixão; depois de dois anos, porém, eu enjoei dessa arte marcial e ir para as aulas havia se tornado uma obrigação. O hobby já não me fazia tão bem assim! Repare como isso acontece com a gente. Enjoamos de algumas atividades pois acabam virando rotina.

Se você corre todos os dias, durante uma hora nos últimos vinte anos, a corrida é uma rotina em sua vida – e sentirá falta dela se não correr. Ela é parte integrante da saúde do seu corpo. Isso é totalmente diferente daquele hobby que provoca ansiedade positiva de querer fazer, descobrir, dedicar tempo para se aprofundar. De tempos em tempos, portanto, defendo que precisamos achar hobbies que nos mantenham produtivos, que nos façam ler, pesquisar, assistir a um filme, assinar revistas, fazer cursos sobre eles etc.

Certa ocasião, fui mentor de um executivo bem estressado e sem tempo para nada. Em uma das nossas conversas, propus que achasse um hobby. Foi difícil, mas ele descobriu a pesca esportiva; semanas depois, já estava matriculado em cursos, planejando excursões para o Pantanal, comprando livros. Por consequência, as horas de trabalho iam se tornando mais produtivas, porque ele estava doido para voltar para casa ou ir ao mar pescar.

Recentemente um novo hobby se revelou para mim, velejar, graças a meu grande amigo Tiago, que me convidou para passar o Ano-novo no seu barco (coisa que em nada me agradava, mas fui pela amizade). Lá descobri o tal do veleiro que outro amigo acabara de trazer da Europa (até aquele momento, para mim, veleiro era um barco de pesca). Na primeira semana do ano, eu já estava matriculado em um curso de vela, além de ter comprado doze livros sobre o tema, feito quatro cursos on-line, adquirido uma cota de um veleiro, planejado férias com a família por duas semanas em um barco no meio do oceano. Como é bom achar um hobby que nos anima a aprender, estudar, mudar nossos padrões, descobrir coisas novas!

Ao mesmo tempo, eu queria voltar a estudar programação, já que estou bem focado no investimento de startups de inteligência artificial. Achei, então, que tinha tudo a ver. Um segundo hobby começou, tão intenso quanto velejar, e isso me faz ser ainda mais produtivo para equalizar as duas paixões.

E o que tudo isso tem a ver com felicidade? Bem, eu estava lendo o livro do Daniel Nettle, *Happiness – The Science behind your smile* [Felicidade: a ciência por trás do seu sorriso], que, entre outros assuntos, fala algo parecido sobre hobbies e cita diversos estudos, o que me fez correr atrás de livros e pesquisas. Como eu estava na vibe do veleiro e da programação, era impossível ter tempo para tudo isso. E se um computador pudesse ler todos os textos que eu baixei, juntar as peças comuns e oferecer os trechos destacados para que eu fosse direto ao ponto, em vez gastar um tempo lendo tudo?

Já que eu estava programando de brincadeira, desenvolvi um programinha que pegou os textos, criou uma *bag of words* (palavras comuns mais citadas) de todos eles e, com ela, resumiu os trechos. Sem nenhuma pretensão, profundidade ou grande estudo, quando juntei os estudos sobre produtividade, a inteligência artificial me trouxe três palavras-chave:

- **Social** – Conexões sociais são vitais para uma pessoa ser feliz e fazer bom uso do tempo. Ou seja, dividir atividades-chave com os outros traz felicidade. Vários estudos demonstraram a importância de se manter amizades e relacionamentos ao longo da vida. Ninguém consegue ser feliz sozinho.
- **Otimismo** – Atitude positiva com relação à vida, aos problemas, à rotina torna as pessoas mais felizes e saudáveis.
- **Tempo** – Ter tempo para o que é importante é uma regra básica e comprovada de felicidade. Atividades importantes

geram sentimentos positivos e, por consequência, aumentam o otimismo e expandem o círculo social.

Podemos dizer, então, que ter um hobby pode ajudar você a ser mais feliz – e, para tê-lo, você precisa ter tempo. No meu caso, sem querer, os meus hobbies se conectaram e me levaram ao tema deste livro!

Como o social é felicidade, por que não chamar para este projeto uma pessoa que foi fundamental durante todas as fases da minha vida? Alguém que me ajudou a construir meu caráter, a ter o instinto de lutar, que sabe dos meus medos e minhas forças; que começou a TriadPS comigo na área de vendas e, depois, tornou-se um dos nossos instrutores mais qualificados; que me auxiliou na criação de diversos conteúdos para nossos clientes e portais e revisou diversos livros meus?

Quando recebi o convite da editora para escrever esta obra, eu não podia imaginar ninguém melhor do que meu irmão Alexandre para participar desta jornada comigo. Ele é um escritor de verdade. Estudou Letras, Pedagogia, Direito. Já eu sou apenas um autor esforçado, que tem de persistir para escrever. Com ele, as palavras aparecem com uma facilidade incrível. Talvez escrever um dia tenha sido um hobby para ele – hoje, com certeza é uma rotina.

Nestas páginas, você vai encontrar alguns caminhos para a felicidade produtiva, *insights*, dicas e estratégias para aplicar em diferentes momentos da vida. Use-as como um manual de consulta no tema de que precisar, sem ordem específica e sem a pretensão de um método organizado. Este é o conjunto de ideias de duas pessoas apaixonadas por ajudar os outros a atingirem o seu melhor. Espero que goste da leitura e que comece a andar em vez de simplesmente correr nesta vida.

Christian Barbosa

Toda jornada começa com um passo... de cada vez

"E você? Quando vai começar aquela longa jornada dentro de si mesmo?"
RUMI

Que graça teria a vida se ela não fosse como um labirinto? Você caminha sem saber para que lado é a saída; tenta voltar para o início, mas não consegue mais achar a entrada. O fio se partiu? Muitos o percorrem tranquilamente sem saber dos perigos que os espreitam; uma parcela ainda maior de pessoas não se dá conta de que está em um labirinto.

Às vezes você encontra flores e jardins pelo caminho e para, senta, dorme, sem reparar que o tempo passa, que às vezes ele voa. Ouve rugidos assustadores e começa a correr, sem rumo e sem direção. Pavor e desespero tomam conta da sua alma e você implora por ajuda... No silêncio, você chora e, talvez pela primeira vez, percebe que a vida é um bem precioso.

Mais dúvidas surgem, afinal, qual o propósito de tudo isso que está acontecendo? Por quê, para onde, como, quando? Talvez ainda não tenha percebido que somente os que se fazem tais perguntas podem um dia encontrar a saída. O processo é doloroso e dá trabalho, mas, em maior parte, também existe prazer e alegria nele. E, em um momento de relaxamento, você olha para cima e vê um céu límpido e lindo. Então, começa a se lembrar do que é realmente importante.

Você quer viver, quer encontrar a saída e quer segurança e felicidade. Um desejo por ter tudo o que merece renasce ainda mais forte. No entanto, como sair do labirinto? Como continuar andando quando parece que todos os seus esforços foram em vão? Nem mesmo suas pegadas ficaram gravadas, pois o vento as levou – e, com elas, suas esperanças. Depressão, tristeza, cansaço... Parece que tudo e todos estão contra você.

Com seus mistérios, a vida tem uma maneira peculiar de criar um grande ser humano; ela o testa, o desafia, o faz fracassar e o humilha. E tudo isso para que tome uma decisão que pode mudar o rumo da sua vida. Somente depois da escolha ela poderá exaltar este novo ser acima de todas as criaturas. Ou você escolhe se entregar, desistir e acomodar-se, ou seguir em frente. "E quem é você? Do que é feito?", pergunta a vida no meio do labirinto. "Responda ou cale-se para sempre."

Em meio a confusão, no turbilhão de pensamentos e sentimentos conflitantes, uma luz começa a surgir e você se lembra das pessoas que ama e daquelas que o amam, as quais também podem estar perdidas no labirinto. Seja por elas ou por você, é preciso continuar a viver.

Daí você escolhe seguir porque não há escolha para quem adentrou no labirinto, e este é um dos segredos dele: quando a caminhada para dentro de si é iniciada, não tem mais volta. Cedo ou tarde, você encontra dentro do seu íntimo a força e a sabedoria para continuar; cedo ou tarde, acaba por achar dentro de si a própria felicidade, pois é este o prêmio por ter tido a coragem de iniciar a jornada.

Quando tudo parece perdido, quando o céu fica encoberto e o sentimento de solidão invade seu coração, mas ainda assim decide que vai persistir até a vitória, então e só então você descobre que há uma saída. Como num momento de inspiração ou em um êxtase espiritual, uma voz sussurra na sua mente e lhe diz que, sim, há algumas formas de vencer o labirinto e encontrar o fim da jornada.

Para que isso aconteça, porém, você deve dar um passo de cada vez e viver cada dia encontrando a própria felicidade.

....

> "Apressa-te a viver bem e
> pensa que cada dia é,
> por si só, uma vida."
>
> *Sêneca*

....

A vida é, de fato, um labirinto.

Labirintos foram criados para entreter, passar o tempo ou conter monstros. Dédalo construiu o Labirinto de Creta para aprisionar a besta metade homem, metade touro que, a cada nove anos, exigia de Creta um tributo. Sete jovens do sexo masculino e sete jovens do sexo feminino seriam devorados. Erguido para desorientar o monstro e impedir que ele saísse de sua prisão, possuía também locais bonitos alternados com lugares tenebrosos – nem mesmo seu criador ousava entrar nele. Teseu, o herói ateniense, foi ao recinto e lutou com a fera, vencendo-a, porém somente graças ao fio de Ariadne, um novelo de lã que guiou o bravo guerreiro ao retorno seguro, colocou fim a um ciclo de terror.

O mito do Labirinto de Creta pode ser uma metáfora dos ciclos da vida. Nós também temos um labirinto em nossos ouvidos, e talvez seja por essa razão que a comunicação entre os seres humanos muitas vezes parece não ser tão clara e precisa. Há que se dar voltas e relevar certas coisas, esperar o tempo oportuno.

Em algumas igrejas e templos, há labirintos no qual o buscador entra para encontrar a si mesmo. É um paradoxo da vida: para se encontrar, é preciso se perder, e somente estando perdido é que é possível encontrar a si mesmo.

Durante o apogeu da filosofia clássica, os filósofos gregos tentavam definir qual o sentido da vida, o seu propósito. Muitas escolas de pensamento surgiram para decifrar esse enigma e a conclusão a que muitos chegaram é que o propósito da vida é encontrar a felicidade.

O que poucos ousaram se perguntar, porém, é: o que é a felicidade e onde ela se encontra? William Shakespeare dizia que a Terra seria um inferno se todos fossem felizes. Ninguém consegue ser feliz o tempo todo, nem carregar para sempre suas tristezas. A vida é feita de momentos e quem dá o significado e as cores desses momentos é a própria pessoa. Não há como falar de apenas um segredo a ser desvendado, pois há muitos deles, e o maior prazer é desvendar cada um com os olhos puros de uma criança, com a emoção do entusiasmo e a alegria do novo que ela sente ao desembrulhar um presente.

Um dos segredos é viver a vida equilibrando esses momentos. Buscar a felicidade é compreender que ela já se encontra na própria busca. A beleza da jornada é viver cada passo como se fosse único. Chegar ao destino não é propriamente o fim, mas apenas o começo de uma nova caminhada. Ter equilíbrio é poder ver essas verdades e desfrutar do tempo que nos é dado.

A coragem é uma virtude que reside em todo coração que ousa voar acima dos seus labirintos, como Dédalo e seu filho Ícaro com asas de cera. E toda jornada necessita de uma dose de bravura.

Tenha a coragem de voar, mas não voe acima do que suas asas podem sustentar. Contente-se com o que você tem e, ao mesmo tempo, busque ultrapassar os seus limites, pois é na exata medida do meio-termo entre as coisas opostas que encontramos o equilíbrio. Parece confuso no começo, mas isto é saber viver, saber encontrar o equilíbrio e, assim, poder ser feliz quando você escolher ser.

A proposta deste livro

Estas páginas têm o propósito de oferecer dicas práticas de como viver sua vida com mais equilíbrio e seguir sua jornada reconhecendo as pequenas felicidades da vida. Este livro pretende ser ousado como o voo de Ícaro, pois mostrar passos para ser mais produtivo e feliz é uma meta arrojada. Ao mesmo tempo, visa ser prudente como o sábio Dédalo, reconhecendo que cada um faz seu próprio caminho no labirinto da vida e tem a própria maneira de encontrar equilíbrio e felicidade.

Viver é um ato contínuo de desvendar mistérios. Aprendizados se somam com o passar dos anos e se tornam histórias interessantes que fariam os jovens mais felizes se estes estivessem interessados em ouvi-las – ou talvez fizesse com que quebrassem menos a cara. No entanto, quem pode dizer que não estejam certos em experimentar por si mesmos voar acima do que suas asas podem suportar? Afinal, quem pode delimitar onde acaba o que é racional e onde começa a loucura, já que a loucura de alguns é o caminho para se realizar grandes feitos?

Na jornada da vida, no trabalho de consultor, ouvimos muitas histórias e muitas pessoas reclamando da depressão e da tristeza profunda que sentem. É difícil ajudar quando não se consegue entender aquilo pelo qual alguém está passando. Depressão é uma doença séria – só quem já saiu dela pode entender. Como, então, é possível dar dicas aos que vão adentrar no labirinto? Será que existem formas de ajudar as pessoas a saírem dele mais rápido? Será que se pode alcançar mais equilíbrio e felicidade?

A resposta é sim. Se alguém estiver disposto a ouvir e deseja encontrar a saída, dicas podem ser muito úteis. Para conseguir sair do labirinto, basta ter um novelo marcando o caminho percorrido. Você pode criar asas de cera e voar por cima dele, ou ter um cão farejador. Na ausência de tudo isso, basta colocar uma de suas mãos na parede do labirinto e acompanhá-la, sem desgrudar dela. Será mais demorado, contudo é o método mais infalível de sair dele. Você pode fazer paradas no meio do caminho, porém sem desistir. Parar é uma maneira útil de refletir sobre o que está acontecendo, e se você não faz essas pausas por vontade própria, elas acontecerão forçosamente. É a sabedoria da vida mostrando um novo rumo. Fique atento ao que as pessoas dizem: a sabedoria adora se esconder por detrás de situações inesperadas.

Há um tempo, Alexandre foi parar no hospital, mas, depois de fazer vários exames, nada, absolutamente nada foi encontrado. Contudo, algo não estava certo; pelo contrário, estava muito errado. O médico disse para ele procurar ajuda psiquiátrica ou uma terapia, porém Alexandre não queria. O doutor falou que o estresse e a depressão eram causas comuns de afastamento do trabalho; que, no futuro próximo, seriam as razões principais de afastamento para quase toda a humanidade.

Como ele poderia estar estressado? Sua vida estava tão boa. Deprimido? Bem, algumas coisas não saíam como ele gostaria, mas nunca ficara deprimido. Que motivos o deixaram tão mal? O que é a depressão?

Alexandre acabou retornando ao hospital mais duas vezes, sendo atendido por médicos diferentes, todos lhe dizendo a mesma coisa: ele precisava procurar ajuda de um psicólogo. Na sua juventude, já havia feito terapia, o que lhe ajudara bastante, de forma que passou a reconhecer o trabalho de um profissional qualificado e a preciosa ajuda que outra pessoa pode oferecer quando estamos perdidos em nossos próprios labirintos.

Além do grande auxílio que recebeu do irmão, dos pais, da esposa e de um amigo e grande profissional de Psicologia, Alexandre desenvolveu uma lista prática de ações que o fizeram enxergar a luz do fim do túnel. Assim, iniciou uma jornada para dentro de si com o propósito de se reequilibrar e achar a própria felicidade.

Com calma e dando um passo de cada vez, é possível encontrar a paciência necessária para vencer tudo o que nos oprime e comprime em um mundo cada vez mais caótico. Lições podem ser tiradas do autoconhecimento. Quais atitudes tomamos que nos empurram para as consequências e situações de que tanto reclamamos? O que nos motiva a fazer isso? Qual foi nosso erro e como não o cometer novamente? Não há como fugir: somente quando encaramos essas perguntas é que podemos aprender.

E aprender é o propósito primordial da alma.

Assim como todo aprendizado requer tentativa e erro, disciplina e atenção, os passos apresentados neste livro serão eficazes à medida que você os aplicar no seu dia a dia. O trabalho consiste em modificar suas atitudes perante a vida, por isso é fundamental questionar o que faz você ser, pensar e agir da forma como vem atuando há muito tempo. Toda jornada, invariavelmente, leva-o a um processo de mudança. Mudar é adaptar-se. Você não é o mesmo que era alguns anos atrás – às vezes um simples segundo muda tudo. Resistir à mudança é ser devorado pelo touro no labirinto.

Recomendamos que, para ter um bom proveito do que será apresentado a seguir, você procure ler ao menos um capítulo por dia, sem pressa em terminar; depois, releia este livro ao fim de trinta dias. Há algumas dicas extremamente práticas, forjadas na experiência de muitos sábios, amigos e consultores, empresários e empreendedores. Foi a soma dos exemplos de grandes e renomados professores da vida que nos permitiu aprender a alcançar a produtividade e a felicidade no meio da tempestade. Gratidão eterna a esses mestres, que brilham como faróis na escuridão e dão esperança aos corações desesperançados.

Chegar ao final do labirinto é indescritível...

1º Encontre o seu ponto de equilíbrio

"Viver é como andar de bicicleta:
É preciso estar em constante movimento
para manter o equilíbrio."
ALBERT EINSTEIN

Quantas vezes você parou para pensar o que é o equilíbrio? Com certeza, quando criança, já brincou de se equilibrar em cima de uma pequena mureta ou de uma bicicleta; tentou imitar os equilibristas do circo com malabares ou empilhou pedras. Naquele tempo, tudo se resumia a prazer e brincadeira. Hoje, você se orgulha de ser equilibrista – equilibra seus diversos papéis (isto é, os diferentes aspectos que desempenha em sua vida: empreendedor, gerente, pai, filho, esportista, cônjuge) numa corda bamba perigosa e louca. Ao final de cada dia, suas forças estão exauridas e você despenca na cama, rezando para que amanhã seja diferente. No entanto, tudo se repete em agonia, estresse e correria. Quase não sobra tempo para encontrar o seu ponto de equilíbrio mental, emocional, espiritual.

Há uma enorme diferença entre um equilibrista de circo e um equilibrista da vida. Vamos traçar as diferenças entre ambos? Basta perceber: qual deles é mais concentrado e focado, e sabe exatamente para onde está indo? Qual dos dois tem consciência corporal e realinha a postura? Qual deles sente menos tensão muscular e consegue saber quando relaxar ou retesar os músculos? E qual recebe com alegria os aplausos do público?

O fato de um equilibrista circense conseguir realizar tudo da maneira que faz não significa, porém, que ele esteja com as outras facetas da vida em equilíbrio. Pode ser que ele, tal qual os equilibristas da vida, corra para pagar suas contas, tenha dificuldades em dedicar tempo para todos os seus diversos papéis, ou simplesmente se sinta infeliz no trabalho.

Uma vez, enquanto um rapaz embriagado se esforçava para ficar de pé, ao ver uma pessoa balançando para a frente e para trás, para um lado e para o outro, se segurou em um poste e gritou: "Segura que o mundo tá balançando!". Isso mostra o quanto o equilíbrio tem a ver com balanço. Realmente, para se manter em equilíbrio, é importante compreender os balanços da vida.

Um dos sinônimos da palavra inglesa *balance* é equilíbrio. Balancear as forças contrárias para encontrar o ponto central. Perceber o equilíbrio do corpo é um meio de entender o balanço da vida. Pense: quantos milhões de anos foram precisos para que a espécie humana aprendesse a caminhar como bípede? E não precisamos ir tão longe... basta observar quantas e quantas vezes uma criança cai até que aprenda a se equilibrar em pé. Equilíbrio foi o que nos tornou capazes de andar de forma ereta e ainda assim não percebemos o quanto ele é importante para todas as áreas de nossa vida.

Talvez seja mais fácil entender o que é o desequilíbrio, que ocorre em diversas situações: momentos em que explodimos de raiva porque alguém nos fechou no trânsito; quando estamos desatentos e sem foco mental ao realizar um trabalho; sem tempo para pessoas e coisas importantes ou para nos dedicar à espiritualidade; desorganizados financeiramente, o que desequilibra despesas e rendimentos; impacientes com os filhos, cônjuges, pais e amigos. Uma vida de excessos em bebida, comida, jogos, aquelas infindáveis horas desperdiçadas nas redes sociais ou trabalhar em demasia são também exemplos de excesso e que mostram que nossa vida precisa de mais equilíbrio.

E o equilíbrio requer aprendizado. O equilibrista aprendeu várias competências e habilidades que não requerem apenas o uso do corpo, mas da mente e das emoções: controle da visão e respiração, da frustração e da paciência, da mente e da audição. Da audição? Sim. Para se ter equilíbrio, devemos ouvir apenas o que é essencial para nossa vida. É necessário barrar palavras que não contribuem para nosso estado de atenção plena no que é essencial para nossa harmonia.

Dizem que a única coisa que não temos como controlar é a música que entra pelos nossos ouvidos, mas não é bem assim, porque nossa mente pode filtrar e bloquear certas coisas, até mesmo os sons. Você deve conhecer pessoas que conseguem ouvir apenas o que querem, não é mesmo?

E ouvir é uma das ações ligadas ao equilíbrio do corpo, da mente e das emoções, já que o órgão que nos mantém estáveis é o nosso ouvido, mais especificamente o aparelho vestibular também conhecido como labirinto. Mais uma vez, adentramos no labirinto. Os olhos também participam do sentido do equilíbrio, pois eles informam ao cérebro a posição do corpo por meio de imagens captadas do ambiente. Quando movemos nossa cabeça, o líquido no interior dos canais no labirinto pressiona as células sensoriais, fazendo-as enviar estímulos ao cérebro. Se fizermos movimentos muito bruscos, podemos perder a sensação de pés no chão – razão de, muitas vezes, ficarmos tontos. Decerto já ouviu falar de labirintite?

Inúmeras enfermidades podem ser geradas pela nossa falta de equilíbrio. Os médicos da Antiguidade acreditavam que as pessoas ficavam doentes porque seus humores estavam em desequilíbrio. Para eles, a principal causa ou fator disso eram os alimentos.

Naquela época, a teoria médica dominante afirmava que a vida era mantida pelo equilíbrio de quatro humores, sendo eles o sangue, a fleuma, a bílis amarela e a bílis negra, os quais representavam, respectivamente, o coração, o sistema respiratório, o fígado e o baço.

O curioso é que a palavra humor ainda é empregada para designar as substâncias líquidas existentes no corpo humano. Não vamos adentrar profundamente no campo da Medicina nem na sua história, mas hoje sabemos tanto quanto os antigos: a nossa saúde depende do que nós comemos. Casos de obesidade e diabetes vêm aumentando em número considerável; outras doenças como hipertensão, enxaqueca, gastrite e certos tipos de câncer também têm estreita relação com a alimentação. De forma geral, todos esses males estão relacionados ao consumo excessivo de calorias e à oferta desequilibrada de nutrientes na alimentação.

Os fisiculturistas e atletas de alto rendimento sabem como manter o corpo em forma, mas também reconhecem a necessidade de uma dieta equilibrada e nutritiva alternada com momentos off, ou os famosos "dias do lixo". É preciso equilibrar a rigidez semanal de uma dieta focada com um dia no qual se pode comer tudo o que quiser, porém sem perder o foco. Quem já fez isso sabe do que estamos falando.

Uma das maiores dificuldades das pessoas é entender que, para atingir resultados, não é necessário caminhar entre os extremos, os quais, às vezes, destroem todo o trabalho feito até então. Ser austero demais não é o único meio de atingir as metas. Hoje, a procura por um estilo de vida fitness é muito grande; acredita-se que muitos dias sem se alimentar direito serão o suficiente para emagrecer. Na verdade, o primeiro passo é engordar e acumular gordura. Mas muito desconhecem o organismo e como o cérebro age para preservar a espécie humana. Da mesma maneira, as pessoas descuidam de outros aspectos da vida.

Certa vez, um amigo disse que os atletas de altíssimo rendimento não têm qualidade de vida; pelo contrário, vivem sob constante pressão e estresse físico, emocional e mental. Por essa razão, devido aos anos de disciplina espartana, quando se aposentam, não querem mais saber de praticar esportes; muitos engordam e se tornam sedentários. Ou seja, caminham equilibrando excessos: uma hora tudo, depois nada. Não podemos negar, porém, que fazer tudo e depois nada também é uma forma de se manter em equilíbrio, mas o custo disso é muito alto, porque o tempo que passamos perdendo oportunidades de ter qualidade na vida e nos relacionamentos não irá mais voltar.

Este não é um livro para ajudar você a encontrar uma maneira de atingir suas metas a qualquer custo, doa a quem doer. Nosso objetivo é oferecer uma direção àqueles que buscam o caminho do meio a fim de atingir os mesmos resultados sem cometer exageros tão prejudiciais. É uma questão de escolha. Há momentos na vida em que precisamos, sim, exceder todos os limites e fazer sacrifícios tremendos para alcançarmos um lugar que nenhuma outra pessoa alcançou. No entanto, a calmaria e a humildade são necessárias se quisermos ter paz e felicidade. Equilibrar nossas ambições às vezes é tão difícil como conseguir tê-las. Quem é feliz no desequilíbrio? Os que se equilibram encontram a felicidade de forma mais rápida. A lei do Universo é o equilíbrio e a harmonia, alcançadas depois de caos e explosões. No nível atômico, as ligações químicas sempre buscam o equilíbrio.

As obras de nossa autoria auxiliam o leitor a organizar seu tempo para, de forma equilibrada, atingir a alta performance e produtividade. Estas páginas o farão perceber que é possível atingir suas metas com trabalho inteligente, não apenas trabalho duro. Você pode ter prazer e alegria na caminhada. É uma questão de crença. Se acredita que o único caminho é o trabalho duro e exaustivo, assim será; caso creia que pode ser fácil e inteligente, assim também será, pois somos o que pensamos e o que acreditamos. É uma questão de criar sua própria filosofia para se manter equilibrado e feliz.

A filosofia do equilíbrio e da felicidade

> *"Ataraxia: estado em que a alma, pelo equilíbrio e moderação na escolha dos prazeres sensíveis e espirituais, atinge o ideal supremo da felicidade! A imperturbabilidade!"*
>
> Epicuro

Qual é a razão de parecer tão difícil manter o equilíbrio? Este é um conceito cada vez mais incompreendido, simplesmente porque as pessoas não filosofam sobre ele, alegando não terem tempo. Precisamos, portanto, definir a nossa própria ideia de equilíbrio e saber como aplicá-lo na nossa vida, em nossas ações cotidianas.

Os dicionários apresentam, como definição de equilíbrio, a ideia de proporção, harmonia; posição estável de um corpo; estabilidade; o estado daquilo que se distribui de maneira proporcional. No sentido figurado, o termo equilíbrio nos remete a prudência, moderação, domínio de si e comedimento. A expressão "pôr em equilíbrio" tem o sentido de igualar, contrabalançar. Quem se mantém em equilíbrio, portanto, consegue se sustentar, aguentar-se.

Na Grécia antiga, onde as pessoas tinham tempo para filosofar, escolas de pensamento surgiram a fim de tentar iluminar as trevas da ignorância e prescrever remédios para as aflições humanas, ainda que muitos achassem que aquilo que os filósofos faziam era perda de tempo e não servia para nada. A verdade é que, graças aos pensadores, diversas invenções surgiram e ajudaram a humanidade a evoluir. Se todos dedicassem um pouco do seu precioso tempo para a leitura dos textos deles, medicamentos seriam encontrados na própria mente ou nos estados mentais e emocionais a que o indivíduo pode se autoinduzir. Nas palavras de Gabriel García Márquez: "Nenhum medicamento cura o que a felicidade não pode".

O epicurismo, o ceticismo e o estoicismo – três correntes da filosofia (e se você não sabe ou nunca ouviu falar delas, procure conhecê-las!) – buscavam encontrar respostas para os mistérios da vida. Apesar de terem a opinião contrária a respeito de muitos conceitos e de diferentes maneiras, concordavam que a felicidade deveria ser o objetivo da vida ou que o objetivo da vida seria encontrar a felicidade.

Ataraxia é a ausência de inquietude ou preocupação, bem como tranquilidade de ânimo. Esse era o ponto em comum entre as três escolas de pensamento filosófico, pois todas tinham a ataraxia como algo desejado, sendo, para os epicuristas, o objetivo principal e, para os estoicos, um estado almejado para a vida.

Os filósofos e teólogos cristãos Santo Ambrósio de Milão, Santo Agostinho de Hipona e São Tomás de Aquino também encontraram na moderação e no equilíbrio o caminho para uma vida virtuosa. A doutrina das quatro virtudes cardeais – a prudência (ou sabedoria), a justiça, a fortaleza e a temperança (ou moderação) – serviu para conduzir o ser humano a uma vida voltada para o bem e para a graça divina. Agir de acordo com elas era, portanto, uma forma de ordenar as paixões e guiar a conduta segundo a razão e o equilíbrio.

Parece-nos, então, que obter equilíbrio é um dos caminhos para alcançar a felicidade. Poderíamos dizer, por isso, que a felicidade está em função do equilíbrio, como em uma equação matemática? Se eu tenho equilíbrio, consigo suportar as dificuldades e encontrar a imperturbabilidade?

Se, neste exato momento, você estiver refletindo sobre o que é se manter imperturbável e o quanto isso parece difícil, lembre-se de que, se acreditar que será difícil, assim será para seu inconsciente. No entanto, se acreditar, mesmo sendo difícil, que você pode conseguir, então sua poderosa mente irá trabalhar para criar dentro de si a figura de um Cristo em meio à tempestade, ou de um Buda vencendo os exércitos do demônio Maya. Pense no equilibrista andando sobre a corda bamba e perceba o quão imperturbável ele deve ser para não cair. Sua mente e suas emoções não podem atrapalhá-lo; ali não deve haver espaço para nada em seu espírito além do equilíbrio. Nem mesmo a preocupação em cair pode surgir, senão certamente irá se desequilibrar. Ele tem que distribuir bem seu peso em ambas as direções e manter-se sempre no seu ponto de apoio, no centro.

Assim como um equilibrista, que se mantém em equilíbrio em uma posição difícil, incômoda ou arriscada, se você conseguir permanecer sereno, calmo e tranquilo no meio do turbilhão, atingirá o entendimento da ataraxia em sua vida. Se você tentar, pode conseguir; caso contrário, como saberá? Se acreditar que é possível, já conseguiu.

Definindo o que é equilíbrio

A esta altura, esperamos que o conceito e a ideia de equilíbrio tenham ficado mais claros para você. Filosofar é importante, assim como sermos práticos. Por mais que busquemos o significado de equilíbrio em dicionários ou textos filosóficos, o que realmente nos aproxima da compreensão é defini-lo com nossas próprias palavras. Pergunte a uma criança, por exemplo, o que é equilíbrio e ela responderá, com seu entendimento: "Pular em um pé só". Não é necessário, portanto, que ela saiba seu significado convencional.

E nós, adultos, não agimos de modo muito diferente: costuma ser mais fácil explicar algum conceito por meio de exemplos aos quais estamos familiarizados. Definir algo dessa forma também é válido, por isso vale a pena investirmos nosso tempo para criarmos nossa própria definição de equilíbrio e onde podemos encontrá-lo em nossa vida.

Registre em um caderno o que você entende por equilíbrio. Primeiro, faça um pequeno texto ou escreva frases que contenham ao menos a ideia do que você compreende por equilíbrio. Depois, procure responder às perguntas no fim do capítulo. Estamos iniciando uma jornada para dentro de nós mesmos, e colocar no papel a forma e o porquê de agirmos nos ajuda a descobrir quem somos e o motivo de nos comportarmos de determinada maneira.

Para ajudar você a elaborar a sua própria definição de equilíbrio, selecionamos frases que fizeram parte de um experimento com jovens, crianças e alguns adultos. Veja se alguma delas se alinha com o que você pensa e formule a sua como achar melhor.

- Equilíbrio é tempo dedicado para as coisas importantes.
- Equilíbrio é manter a moderação em tudo, na comida, nos exercícios, nos gastos.
- Equilíbrio é importante para manter-se de pé para dar um golpe e não cair.
- Equilíbrio é importante para ter foco e concentração.
- Equilíbrio é o que nos faz andar.
- Equilíbrio é saber balancear os momentos. É você não precisar fazer tudo ao mesmo tempo, pois pode distribuir na semana.
- Equilíbrio é estar de bom humor.
- Equilíbrio é não perder a paciência.
- Equilíbrio é estar sempre em movimento, mas continuar sem oscilações.
- Equilíbrio é o caminho para resolver problemas e atingir a felicidade na vida.
- Equilíbrio é como o pião, que se mantém de pé enquanto está girando, mas que cai quando para, porque o movimento distribui o peso dele em todas as direções.
- Equilíbrio é ter paz dentro de si.
- Equilíbrio é ser centrado, limpo, organizado.
- Equilíbrio é estar sólido e estável.
- Equilíbrio é ser seguro.

- Equilíbrio é ter domínio do pensar, agir e sentir.
- Equilíbrio é quando você está firme em suas decisões.

Definimos equilíbrio como estar no centro, de onde se pode ver as extremidades sem ter que ir até elas e a partir do qual se mantém o ponto de estabilidade sem exceder os limites. Equilíbrio é a capacidade de contrabalancear os opostos para que a paz perdure. É a ação de se manter firme e no controle das paixões para, assim, sempre optar pelas melhores escolhas. É dominar os pensamentos, atitudes e emoções para nunca causar discórdia ou desequilíbrio para si próprio ou para os outros. É dedicar tempo para tudo o que tem valor de forma justa, organizada e harmoniosa. Equilíbrio é uma forma de viver que traz felicidade e tranquilidade em todas as situações da vida.

Mesmo que se identifique com os exemplos anteriores, o exercício terá muito mais eficácia se você escrever com suas próprias palavras.

Agora é sua vez!

Exercícios para equilibrar-se

1. Descreva ocasiões em que você se manteve equilibrado ou sentiu que estava no controle e, por isso, manteve sua paz e tranquilidade. Dê detalhes: onde foi, como estava se sentindo, o que pensou, quais eram as emoções predominantes. Caso nunca tenha passado por isso, relate momentos de alguém famoso. Exemplo: quando Ghandi foi surrado, mas manteve a calma, por que ele agiu assim? Responda como se você fosse ele.

2. Pense em conhecidos seus que são centrados e equilibrados. Descreva situações em que eles demonstraram equilíbrio. Perceba as expressões faciais, o jeito como olham, se movimentam,

gesticulam, seu tom de voz. Acrescente todos os detalhes à sua descrição.

3. Pense em locais ou situações que o ajudam a se centrar e manter o equilíbrio. Trata-se de um lugar físico? Uma memória? Um estado de espírito? É quando você está na igreja ou meditando? Quando alguém em quem confia está por perto? Por que tais situações, locais ou pessoas o ajudam a manter o equilíbrio?

4. Responda as seguintes perguntas honestamente (não se esqueça: a primeira percepção que surgir na mente é a mais sincera):
    - Quais situações abalam minhas emoções e me desarmonizam?
    - Que palavras eu permito entrarem na minha mente que podem me desequilibrar?
    - Por que eu dou tanta importância a essas palavras e situações?
    - O que me tira a calma?
    - O que me traz calma?

2º Estabeleça sua meta de felicidade

"A felicidade é prazer, bem-estar, harmonia, simetria e ataraxia."
DEMÓCRITO

Imagine se você tivesse a possibilidade de questionar uma divindade sobre o que é a felicidade na Terra. Zoroastro, fundador do zoroastrismo, indagou Ahura Mazda, a divindade do bem, e obteve a seguinte resposta: "Um lugar ao abrigo do fogo e dos animais ferozes; mulher; filhos; e rebanhos de gado". Nos dias atuais, se tivéssemos a oportunidade de entrar em contato com os seres mais iluminados, qual seria a resposta para essa pergunta? E para você, o que é felicidade?

Não se preocupe se não souber o que dizer de imediato – aliás, duvide se o fizer sem nenhum profundo questionamento, porque a busca pela definição do que é felicidade, do que é capaz de gerá-la ou de como atingi-la de maneira plena é um dos grandes embates aos quais os filósofos, profetas, pensadores, psicólogos, poetas e demais seres humanos têm se dedicado há milhares de anos.

A felicidade é tão simples que não vale a pena discutir sobre ela? Ou talvez valha, já que esse é o propósito do labirinto da vida? Como se fosse um enigma a ser respondido, uma charada que a vida propõe a todos nós, precisamos definir os conceitos e parâmetros para nossa felicidade. Com o decorrer da leitura deste livro, aos poucos, iremos descobrir o que é a felicidade para nós. Isso só é possível quando refletimos sobre a busca até a alcançá-la. Por que os filósofos se preocuparam tanto em debater sobre a felicidade? Falar a respeito de algo que amamos, desejamos ter ou atingir já causa certa alegria – falar da busca é a própria busca.

Você conhece alguém que não queira ser feliz? Talvez não. Os masoquistas, por exemplo, podem alcançar a felicidade na infelicidade, ou até mesmo se realizar na procura pela dor. Pode ser que, para eles, essa seja a definição de felicidade. Não há uma única maneira de conceituar felicidade ou infelicidade, ainda que muitos investigadores e psicólogos tenham desenvolvido diferentes métodos e instrumentos para tentar medir o nível de felicidade de um indivíduo, os quais levam em conta fatores físicos e psicológicos, como envolvimento religioso ou político, estado civil, paternidade, idade, renda, aparência etc. Todavia, estes ainda são muito subjetivos. Alguns estudos chegam a sugerir que a felicidade está ligada a fatores genéticos e hereditários, mas parecem esquecer que podemos encontrar o caminho para nossa realização pessoal mesmo que não tenhamos sido abençoados pela loteria genética. Tudo é uma questão de preparo para a jornada e, principalmente, de querer percorrê-la.

Indivíduos infelizes muitas vezes tiveram péssimas influências na família, porém isto não é nem pode ser um fator determinista para fugir da responsabilidade de construir um novo agora. É melhor acreditar (porque isso faz a diferença) que a felicidade está relacionada a padrões de comportamento, sentimento e pensamento. Felicidade pode ser aprendida e desenvolvida como um hábito. A depressão pode ser considerada uma aceitação inconsciente de que não podemos fazer nossa própria felicidade, de que não podemos ter uma performance na vida que gere e mantenha nossos estados de felicidade.

Há inúmeras formas de se definir a felicidade. Ao longo dos milênios, tantos já escreveram ou falaram sobre o assunto que fica difícil abordar todos os aspectos. Alguns dizem que ela não pode ser alcançada em sua plenitude; outros afirmam que são momentos esporádicos de júbilo e alegria que não duram muito. Há quem estabeleça que a felicidade está em ter ou possuir coisas; ou que bens materiais não são a essência verdadeira da felicidade, ainda que possam ser fundamentais.

Citando o filósofo americano Elbert Hubbard: "É bem difícil descobrir o que gera a felicidade; pobreza e riqueza falharam nisso". Será que tudo não se resume ao indivíduo saber construir a sua própria definição? Quando não sabemos o que estamos procurando, jamais teremos ideia do que é, e onde encontrar. Mesmo sendo a felicidade uma ideia ou um ideal, é necessário ter um conceito dela definido em nossa mente. E, apesar de ela ser esporádica, momentânea, precisamos ter a consciência de quando os momentos felizes acontecem para usufruirmos deles. Se a felicidade para você é ter, então defina o que deseja ter. Se é ser algo, estabeleça que tipo de algo é esse. Se é não ter ou não ser, determine-os também. O sentimento de não saber é mais angustiante do que tentar algo que pareça inalcançável.

Não há entre os filósofos e pesquisadores um consenso definitivo e inquestionável sobre felicidade. Ela é subjetiva ou objetiva, dependendo do ponto de vista de cada um. Cabe a cada um, portanto, definir o que é felicidade, onde devemos achá-la e como preservá-la.

A única certeza que podemos ter sobre a felicidade é que precisamos utilizar bem o nosso tempo de vida para encontrá-la.

. . . .

> "Felicidade é a certeza de que
> a nossa vida não está
> se passando inutilmente."
>
> *Érico Veríssimo*

. . . .

Encontre a felicidade agora

A felicidade só pode ser encontrada dentro de nossa percepção, ou seja, com base em nossa definição sobre ela e seu reconhecimento. Só assim nós a perceberemos. Se não é nosso hábito parar e apreciar as coisas que temos ou somos, permanecemos diante dela e ainda assim não enxergamos o que nos faz feliz. O estado de apreciar as coisas que somos e temos, portanto, nos ajuda a vislumbrar a felicidade, e ele só é alcançado quando meditamos a respeito do agora; quando colocamos a felicidade não no passado nem no futuro, mas no presente.

Costumamos dizer que éramos felizes e não sabíamos, porque, naquele tempo, não havíamos definido a felicidade. Deslocamos para o passado nossa felicidade ou projetamos sua realização no futuro: quando eu *for*, quando eu *tiver*. De certa maneira, é importante se lembrar do passado e rememorar momentos felizes, pois isso ajuda a trazê-los mais perto de nós. No entanto, também é essencial estabelecer metas para alcançar a felicidade no futuro. O que não podemos é condicioná-la a essas coisas e a momentos futuros ou passados. A felicidade é o momento, é o estar presente.

Reconhecer o que o faz feliz hoje é a maneira de prolongar a felicidade e não desprezar o que você já possui. Se não puder ver e sentir a felicidade que está no agora, o eterno futuro projetado nunca chegará e permanecerão, então, as lembranças de um passado que jamais voltará.

Em que intensidade as coisas ao seu redor o fazem satisfeito e feliz? O prazer e a satisfação podem ser pequenos para algumas coisas materiais, mas enormes para coisas imateriais. Basta valorizá-los. Seja feliz hoje pelo que você é, pelo que tem e pelas pessoas que estão à sua volta. Se você tem alguém que ama do seu lado, isso não é uma grande felicidade?

O estudo mais aprofundado e longo que já foi feito sobre a felicidade revela fatos interessantes sobre o que realmente faz as pessoas felizes na vida. Por setenta e seis anos, pesquisadores da Universidade de Harvard, nos Estados Unidos, têm procurado uma resposta para essa questão. A ideia foi realizar um estudo que não terminasse quando o pesquisador que o iniciou se aposentasse ou morresse; por isso, ele conta com seu quarto organizador, Robert Waldinger, que, além de psiquiatra, também é um sacerdote zen.

A pesquisa começou em 1938 ao analisar 700 pessoas, desde estudantes da renomada universidade até moradores de bairros pobres de Boston, os quais foram acompanhados durante toda a vida, monitorando seu estado mental, físico e emocional. O estudo não revelou apenas um único segredo, mas alguns, sendo que, de acordo com Robert Waldinger, "o fundamental, que ouvimos uma vez ou outra, é que o importante para nos mantermos felizes e saudáveis ao longo da vida é a qualidade dos nossos relacionamentos".

Contudo, vale salientar que não existe um padrão único sobre a felicidade. Aliás, definir regras pode ser uma grande cilada, porque podemos nos guiar por metas e modelos estabelecidos pelos outros, o que pode nos levar à completa infelicidade quando não nos sentimos capazes de atingi-los.

Por essa razão, precisamos definir e reconhecer em nós o que nos faz felizes, descobrindo se são conceitos verdadeiros, vindos da mais profunda expressão do nosso ser, ou aquilo que estamos tentando ser para os outros, criando ilusões e decepções. Para que isso não aconteça, é necessário descobrir qual é a nossa verdade.

Encontre a beleza da sua verdade.

A felicidade da beleza

"Tudo quanto é belo manifesta o verdadeiro."
VICTOR HUGO

A beleza é um fator que pode causar em nós grande felicidade. Olhar o que é belo comunica para nosso cérebro uma ideia de harmonia, simetria e felicidade. Quando observamos uma linda paisagem, um quadro, uma pessoa que consideramos bela, é inevitável nos sentirmos melhor.

Os filósofos definem o sentido da vida como sendo a busca pela felicidade. Os poetas, por sua vez, acreditam que se alcança a felicidade por meio da beleza. Encontraram no amor e no sofrer pelo amor a sua missão. Tanto filósofos quanto poetas procuram compreender o que é o belo e o que é a felicidade.

Os contos, as lendas e as fábulas falam da busca pela beleza como um caminho para a felicidade. O patinho feio se torna um lindo cisne; o cavaleiro se casa com uma linda princesa; a bruxa, por crer que a princesa é mais bonita do que ela, tenta matá-la. Enfim, as histórias para crianças indicam que a busca pela felicidade está na beleza – na beleza das formas, das virtudes, da riqueza. É uma maneira de indicar um caminho a ser seguido, pois amar o belo faz parte da nossa natureza. Mas, afinal, como podemos ter a certeza do que é belo? A beleza real só é reconhecida e alcançada quando reconhecemos nela a verdade.

Shrek, um dos filmes mais amados por adultos e pelas crianças – e que, à primeira vista, contraria o ideal dos contos de fadas –, nos ensina grandes lições. Trata-se da história de um ogro verde, o herói da trama, que salva a princesa e se apaixona por ela. A mocinha, porém, carrega uma maldição: de dia é bela, mas à noite se transforma em uma ogra. A fim de quebrá-la, a princesa precisa beijar alguém que a ame de verdade para, só assim, se manter bela para sempre. O mais interessante é que, no final, ela decide permanecer como uma ogra e ficar com Shrek. Quando aceitou quem era, pôde finalmente ser feliz e se casar com alguém que amava a sua verdade. Precisamos aceitar quem nós somos, pois a beleza está atrás das máscaras que usamos.

Persona era a máscara usada nos teatros de antigamente (do etrusco *phersu*, "máscara teatral"; do grego, *prósopon*, "face, máscara"), e o conceito de falar por meio de um personagem vem do latim per *sonare*, que significa "soar através de". De acordo com a psicologia, a personalidade é a máscara que construímos para conviver com os outros. Nosso caráter é constituído pelas nossas escolhas, mas também é fortemente influenciado pelas pessoas com quem convivemos. A personalidade é uma maneira de nos adaptarmos ao meio e àqueles com quem convivemos ou que queremos agradar.

O problema começa a aparecer quando não sabemos quem somos por trás da máscara ou quantas máscaras temos. Dessa forma, nos afastamos da nossa essência e beleza verdadeiras, buscando ser o que os outros esperam. Somos infelizes, em grande parte, por aceitarmos os parâmetros dos outros; ou porque, em uma tentativa de agradar a todos, buscamos realizar as frustrações deles.

Vivemos uma vida frustrante quando nos comparamos aos outros e nunca conseguimos superar ou atingir seu nível. É como se fôssemos condenados a correr uma corrida contra guepardos: jamais os alcançamos e nos sentimos tristes porque não conseguimos vencê-los. Na verdade, porém, não deveríamos ter aceitado os termos e as condições da disputa.

Encontrar nossa felicidade seria muito mais fácil e rápido se nos separássemos da imagem que criamos para os outros. Estamos na profissão que queríamos ou foram as opiniões alheias que nos influenciaram? Nos sentimos belos ou estamos tentando nos aproximar de um padrão escolhido pela sociedade?

A beleza importa para nossa felicidade? Daniel S. Hamermesh e Jason Abrevaya mediram o impacto da aparência dos indivíduos na satisfação e na felicidade da vida. Após analisarem dados de cinco grandes levantamentos realizados entre 1971 e 2009, nos Estados Unidos, no Canadá, na Alemanha e na Grã-Bretanha, publicaram o artigo "Beauty is the Promise of Happiness?" [Beleza é a promessa de felicidade?]. Descobriram que as pessoas consideradas bonitas são, geralmente, mais felizes e bem-sucedidas.

Devemos voltar ao filme *Shrek* para compreender que a verdadeira beleza reside na aceitação do verdadeiro eu. Quando começamos a ver a beleza em nós, inevitavelmente os outros vão notá-la. Isso também serve para a beleza física. A busca por padrões estéticos tem se tornado uma obsessão e uma constante infelicidade para milhares de pessoas, porque estão apenas competindo com padrões impostos por uma minoria.

O que vemos depende muito da maneira como o interpretamos. O coletivo pode influenciar muito suas suposições baseadas em suas crenças. Mude sua opinião sobre um assunto e ele mudará para você. Um grupo pode até definir alguma coisa que não é real, tornando-a relativa, mas o real não é relativo e não pode ser mudado. O segredo da beleza está em amar e aceitar o que está por trás das máscaras. Quem hoje não se encanta pelo ogro verde?

Novamente olhemos para *Shrek*. Há um diálogo entre o burro e o ogro que merece ser relembrado, no qual Shrek diz que os ogros são como cebolas, possuem camadas. O burro responde que nem todo mundo gosta de cebolas, por isso é melhor dizer que os ogros são como bolos. Shrek, porém, responde: "Eu não ligo para o que todo mundo gosta. Ogros não são como bolos".

Tudo é uma questão de retirarmos as camadas que vestimos para encobrir o que achamos que os outros não gostam. Claro que precisamos viver em sociedade e moldar nossos comportamentos para alinhá-los com o bem comum e a aceitação social. No entanto, não podemos negar a nossa essência, o nosso verdadeiro eu, e nos tornarmos infelizes. A beleza é a verdade. Definir quem é por trás das máscaras aproxima você ainda mais do seu conceito de felicidade. Em um mundo cheio de mentiras, máscaras e infelicidades, descobrir e amar sua verdadeira face pode parecer a maior de todas as loucuras.

Exercícios para ver a felicidade

1. Escreva um texto definindo o seu conceito de felicidade. Torne claro o que significa ser e estar feliz. Identifique aquilo que o aproximou do estado de felicidade. Trata-se de bens materiais ou imateriais? Da mesma forma, compreenda o que faz você infeliz. É não ter algo? É não estar em algum lugar? É não ser algo?

2. Estabeleça uma meta de felicidade. Pode ser algo material, aquilo que queira ser ou deixar de ser. Pode ser alguma realização ou ter mais tempo com as pessoas que ama. Qual meta poderia trazer felicidade? Escreva-a em algum lugar que possa ver todos os dias.

3. Reflita por alguns instantes e encontre pelo menos 10 coisas que fazem você feliz hoje. Podem ser materiais, entretanto pense em bens imateriais, como qualidades, pessoas, emprego, saúde etc.

4. Descubra quem você é. Se fosse escrever uma carta de amor para alguém e esta pessoa pedisse que você se descrevesse, como o faria? Quem você é? O que ama fazer? Sua profissão o define? Encontre 10 qualidades que ama em si mesmo e acrescente-as à carta. Depois, reflita sobre 10 características físicas que constituem sua beleza verdadeira.

5. Não tente mudar os outros, mas a si mesmo. Mude a ideia errada que aceitou sobre você vinda das outras pessoas. Além disso, evite impor seus padrões de felicidade nos outros. Separe-se do que os outros tentaram projetar em você. Quais são as suas máscaras e por que as usa? Quem é o louco por trás delas? Alguém que se sente feliz e consegue enxergar a vida com mais beleza ou que ainda se esconde nas mentiras de que não é capaz de ver a felicidade?

3º Veja seus problemas como oportunidades

*"Viver é enfrentar um problema atrás do outro.
O modo como você os encara é que faz a diferença."*
BENJAMIN FRANKLIN

A maioria das pessoas não quer ter problemas na vida. A base dogmática de quase todas as religiões consiste na ideia de um nirvana ou paraíso onde não haverá dor nem problemas. Talvez tenhamos compreendido de forma errada essa ideia. Pensar em um local em que não haja dificuldades pode ser um desejo de alívio e tranquilidade, uma merecida recompensa para aqueles que passaram por tantas aflições. Quem não gostaria de ir a um lugar no qual tudo fosse fácil?

Há um antigo conto sobre um sábio que queria conhecer o céu e o inferno. Depois de muita meditação, um anjo de luz o levou até o paraíso. Lá, nas nuvens, havia um belo jardim; tudo era repouso e silêncio. No entanto, com o tempo, o sábio ficou entediado e resolveu fazer alguma coisa, porém tudo o que pensava ou queria se manifestava imediatamente, sem esforço, sem dificuldade, em um simples toque de mágica. Ele ficou maravilhado! Se pensasse em um castelo, a construção aparecia diante dele; se pensasse em uma refeição, ela se materializava diante de seus olhos. Todos os seus desejos eram fácil e imediatamente realizados sem nenhum obstáculo ou desafio.

Não demorou muito e aquela situação toda o cansou. Ele foi falar com o anjo que o levara até ali. "Sabe", disse o sábio, "não que eu esteja reclamando por estar aqui... Realmente é muito bom, mas eu sinto falta de desafios estimulantes. Tudo é muito fácil, e isso é entediante. Não quero parecer mal-agradecido, mas tenho que dizer a verdade: aqui é muito irritante, não existem problemas para resolver! Você poderia me levar até o inferno? Acredito que talvez lá seja melhor".

"Onde você acha que está? Aqui é o inferno", o anjo respondeu.

Facilidades amenizam nossa árdua caminhada, porém só são criadas pelo trabalho consciente de alguém que ousou enfrentar um problema, quebrou a cabeça para encontrar uma solução e depois testou, experimentou e foi até o fim para executar sua ideia. As invenções humanas são o exemplo de que nascemos para resolver problemas. Tornar a vida mais fácil é o trabalho dos gênios, e a genialidade é inspiração com muita transpiração.

Sua vida pode ser fácil, só não pode ser livre de problemas, porque a função primordial do cérebro é se desenvolver. A natureza não elaborou a espécie humana para ficar parada, mas para atingir o ápice da criação. Evoluir é o mandado da natureza, e nossos problemas são as ferramentas de que o cérebro precisa para evoluir. Superar um obstáculo causa em nós um prazer extraordinário e produz novas estruturas de pensamento e sentimento. Cria memórias que nos possibilitam resolver situações futuras.

A mente humana é impressionante. O cérebro, por sua vez, é um computador de última geração, que, ao contrário dos atuais (exceto a Inteligência Artificial), é capaz de rapidamente criar combinações de ideias e memórias, aprimorar-se, gerar novas sinapses e soluções para enfrentar novos problemas que ainda não consegue resolver. Assim, de forma imparável, ele é uma máquina de solucionar problemas – e adora fazer isso. No entanto, se é assim, por que resolver problemas deixa nosso emocional tão abalado?

Acreditamos que isso esteja relacionado à forma como aprendemos a ver nossos problemas e a reagir a eles, à maneira como os classificamos e escolhemos aqueles de que gostamos ou não, bem como aos sentimentos que carimbamos em cada experiência. Tudo nos remete à época em que estávamos desenvolvendo nossa capacidade de solucionar problemas.

Quando se é criança, tudo é estimulante e novidade, e o prazer inunda o corpo com hormônios de bem-estar, satisfação e alegria. Conforme se cresce e os problemas adquirem maior dificuldade, o cérebro acrescenta às experiências as sensações que as dificuldades geram, como medo, cansaço, frustração. Essa memória é acionada sempre que há algum problema associado a lembranças positivas, mesmo que se tenha a forte tendência de focar mais nas negativas. Depois, quando o ambiente começa a influenciar as atitudes, somam-se e somatizam-se as experiências e as emoções captadas na família e nas pessoas com quem se convive. Se um pai fica bravo quando se depara com algum problema, a criança tem grande chance de aprender que essa é a solução. Se uma mãe prefere fugir dos problemas, a criança pode aprender a fugir das emoções com as quais ainda não sabe lidar.

Assim, são construídas as memórias de prazer, dor, alegria, frustração relacionadas à forma como são encarados os problemas. As emoções conflitantes também vão ser atreladas e serão trazidas à tona toda vez que o cérebro identificar uma situação semelhante. Para que alguém encare os problemas de maneira diferente, é preciso começar a se conhecer melhor.

Que tipo de problemático você é?

*"O pessimista vê dificuldade em cada oportunidade;
o otimista vê oportunidade em cada dificuldade."*

Winston Churchill

Como você age ou reage quando um problema aparece? Alguma vez já fez uma autoanálise de como lida com as adversidades? Você as evita? Foge delas ou tenta resolvê-las? Procura por problemas? Corre até que eles o alcancem e depois fica com raiva, mas vai até o fim para solucioná-los? Você deixa os problemas aumentarem, não faz nada e espera que se resolvam sozinhos? Ou os empurra para outra pessoa?

É mais provável que você tenha respondido sim a quase todas as perguntas, porque há problemas e problemas: alguns deles você prefere empurrar para os outros; há aqueles dos quais foge; outros, você procura. Enfim, depende muito da sua capacidade e experiência em resolvê-los.

O leitor pode se perguntar se existem pessoas que procuram por problemas, ou deve se lembrar de alguém que sempre tem algum dilema a ser resolvido. Um amigo, lutador de MMA, não podia ver uma briga que ficava "babando" feito cachorro de rinha para entrar nela, mesmo se a confusão não dissesse respeito a ele. Nesses casos em que procurava por um problema, na verdade, ele estava buscando mostrar suas habilidades, desafiar a si mesmo e fazer o que estava acostumado desde criança.

Guardadas as devidas proporções, há muitos perfis semelhantes: pessoas que procuram problemas para se desafiarem ou simplesmente para resolverem algo e obterem algum ganho, nem que seja uma realização pessoal. A melhor maneira para começarmos a encarar os problemas de maneira diferente é estabelecer a relação de ganho que podemos ter quando os solucionamos.

Sentimos medo, raiva ou impotência ao nos depararmos com um obstáculo que não sabemos contornar; nos lembramos das vezes em que falhamos e, por isso, fugimos ou o empurramos para outros. Entretanto, se pensarmos nele como uma oportunidade e um bom desafio, o otimismo vai reeducar nossa mente e ajudar a limpar os registros negativos das experiências passadas.

A escola – principalmente as aulas de Matemática – contribuiu muito para amarmos ou odiarmos a palavra "problema". Em geral, quem tinha facilidade nessa matéria encarava os exercícios matemáticos como estímulos e desafios. Contudo, os alunos que se identificavam mais com as disciplinas da área de ciências humanas, ao sentirem dificuldades e sem um método ou uma didática estimulante, possivelmente prefeririam colar ou deixar as questões em branco. Resolver problemas não se resume apenas à Matemática. As relações humanas também exigem método, além de inteligência emocional. Ser empático com os sentimentos alheios é uma forma de enxergar o problema com outros olhos.

No entanto, não basta mudar a maneira de pensar, mas também de sentir. Para ser visto como uma oportunidade, um problema deve ser a soma da visão de ganho e de uma emoção positiva que a solução pode trazer. Se tudo for encarado como um ganho e o foco for o resultado, e não o processo, o problema começa a ser uma fonte de desafios e conquistas. Com o tempo, nos tornamos solucionadores e inventores, e – quem sabe? – descobrimos uma nova vocação e utilidade para nossa vida.

Se refletirmos por alguns instantes, veremos que muitos dos chamados "problemas" são, na verdade, um ganho ou a satisfação de alguém. A dívida que você tem no banco é problema seu, porém é lucro do banco. Uma dificuldade pode resultar em uma invenção que seja útil para a humanidade e se tornar uma fonte de riqueza, alegria e reconhecimento para aquele que ousa investir tempo em encontrar uma solução.

Se modificarmos a maneira de pensar e sentir as adversidades, alteramos também a maneira como encontramos sua solução. Uma mente aguçada sabe encontrar ganhos onde outros veem perda e sofrimento. Que tipo de pessoa você quer ser? Mude e comece a enxergar o que quase ninguém vê; o que poucos notam; o que só alguns que percebem têm a energia e o otimismo necessários para chegar até as últimas consequências.

De hoje em diante, pense que não se trata de achar o lado bom das coisas, mas de ver a oportunidade futura que isso propicia. Vamos supor que uma pessoa esteja com um problema, por exemplo, que tenha perdido o emprego. Qual seria o lado positivo? Ela agora está com mais tempo, pode se reinventar, pode fazer cursos etc. Tudo isso é legal, mas não resolve o problema. Ele só será solucionado quando o indivíduo enxergar que o lado bom só se torna uma oportunidade se for trabalhada, buscada, aproveitada ou criada.

....

> "O homem deve criar as oportunidades,
> e não somente encontrá-las."
>
> *Francis Bacon*

....

Se você deseja que sua vida seja mais feliz, busque e crie as oportunidades que costumam se esconder nos problemas – próprios ou dos outros. Milhares de pessoas querem empreender e ter um negócio, mas não têm disposição para encarar os desafios por medo ou pessimismo. Também não conseguem enxergar que as soluções de que o mercado e a sociedade precisam devem ser verdadeiramente úteis. Para transformar problemas em oportunidades, é preciso pensar no seu ganho pessoal e no de todos aqueles que vão fazer uso do negócio que está sendo criado.

Para gerar uma oportunidade, você deve fazer os outros enxergarem a necessidade e a pertinência da sua ideia. Isso só será possível se, antes de todos, você acreditar que o problema não é mais um obstáculo, porém um conjunto de ações que devem estar sempre acompanhadas de sentimentos novos e positivos. Por isso, altere a forma como aprendeu a lidar com seus problemas. Faça uma análise profunda de como você age quando se depara com eles; trace novas formas de falar, agir, sentir e enxergar as coisas.

Você pode e deve fazer o mesmo com problemas pessoais, de saúde, financeiros e amorosos. Eles passam a não ser mais problemas quando solucionados, no entanto, jamais deixam de ser aprendizado e conquista, alegria e satisfação. Não perca mais tempo com lamentações ou explosões de raiva. Em vez disso, planeje ações que vão levá-lo à oportunidade. A cada passo do caminho, discipline sua mente a pensar e suas emoções a sentir de forma positiva, associando, a cada desafio, um sentimento poderoso escolhido por você. Assuma uma nova forma de se posicionar perante a vida. Conheça como e porque você age de determinada maneira e estabeleça uma nova postura. Não deixe de agradecer por cada problema passado, presente e futuro, pois eles trazem oportunidades.

Ao refletir sobre os problemas da vida, percebemos que fomos os criadores de grande parte deles. Você também já deve ter notado que eles aumentam na medida em que os procuramos. Se tiver que se deparar com eles, lembre-se de que nos tornam melhores. Tenha em mente a máxima de Nietzsche: "O que não nos mata nos torna mais fortes".

....

> "O verdadeiro homem mede
> a sua força quando se defronta
> com o obstáculo."
>
> *Antoine de Saint-Exupéry*

....

4º Destrua suas ilusões

"Saber não ter ilusões é absolutamente necessário para poder ter sonhos."
FERNANDO PESSOA

Se perguntarmos às pessoas o que é sonho e o que é ilusão, muitas vão se confundir ou simplesmente dizer que nunca pararam para pensar nisso. Também podem responder que são a mesma coisa, que um sonho é uma ilusão ou vice-versa. De fato, ambas as palavras costumam ser usadas como sinônimos tanto pelo senso comum como por muitos pensadores, poetas e escritores.

Apesar de difícil, a separação entre esses termos é necessária, porque cada um nos leva a diferentes direções. Costumamos ouvir "siga os seus sonhos", e não "siga suas ilusões", o que já aponta que não são iguais, apesar de serem feitos praticamente da mesma matéria: a imaginação.

O vocábulo "sonho" também é utilizado para se referir às imagens mentais que visualizamos durante o nosso período de sono. A psicologia o trata como uma mensagem constituída de linguagem simbólica do inconsciente ou do subconsciente para nossa mente consciente. Já o sonhar acordado é ver algo em nossa visão interior, quando conseguimos adentrar os estados alfa de percepção.

Em contrapartida, uma miragem no deserto é uma ilusão de ótica que nos engana e decepciona. Iludir é trapacear os sentidos ou enganar a mente, fazendo-nos interpretar de forma equivocada um fato ou uma sensação. Quando nos iludimos, trocamos a aparência real por uma ideia falsa, que tem o poder de turvar nossa razão, dificultando nossa capacidade de discernir os fatos. Ser iludido é ser enganado.

Sonhar, portanto, pode e deve significar algo diferente de estar iludido. Costumamos dizer que o sonho é a forma que nosso eu superior – o inconsciente ou a mente subconsciente – usa para nos indicar algo importante ou alguma realização a ser feita. Os sonhos, portanto, tendem a ser uma imagem projetada no futuro que ainda precisa ser realizada. Atuam como um farol, um ponto que nos indica a direção a seguir e o que precisamos fazer para chegar até essa luz.

As ilusões são engodos, armadilhas colocadas no caminho entre o sonho e a realização. Como as ilusões também são feitas de imagens (ou vozes interiores), valem-se disso para confundir e atrapalhar as nossas ações. Elas mimetizam nossos sonhos, pegam "carona" neles, criando uma imagem distorcida, como se tentassem mudar o caminho.

Vamos exemplificar da seguinte maneira. Alguém tem o sonho de ganhar dinheiro, o que indica que ele assim deseja ou precisa disso. A ilusão acrescenta um desvio no caminho; faz a pessoa pensar que pode atingir seu anseio de forma fácil e rápida, sem nenhum trabalho. Com esse pensamento, será atraída para qualquer coisa que possa levá-la ao que a ilusão projetou, como ganhos ilícitos ou trabalhos que não serão satisfatórios.

· · · · · · · · · · · · · · · · · ·

> "Perder uma ilusão torna-nos mais
> sábios do que encontrar uma verdade."
>
> *Ludwig Börne*

· · · · · · · · · · · · · · · · · ·

Se os sonhos nos guiam, inspiram e comunicam algo importante, então que benefícios nos trazem as ilusões? Elas servem para aprendermos a não cometermos os mesmos erros, para que possamos reconhecer a verdade, o real. Elas nos ensinam, a duras penas, que precisamos parar de nos enganar ou enganar aos outros.

Quando enganamos a nós mesmos? Nas ocasiões em que seguimos nosso eu inferior, nos nivelando pelos nossos baixos instintos, pelos vícios e defeitos de nosso caráter, por preguiça, covardia, comodismo e medo. A ilusão se vale de nossos pontos fracos e faz deles sua ferramenta. Talvez a metáfora mais próxima das ilusões seja mesmo aquele diabinho que nos instiga a fazer tudo errado.

Há alguma maneira de não cairmos nas ilusões? Sim, sabendo reconhecê-las, não as deixando nos desviarem dos nossos sonhos. Ouvindo a verdadeira intuição e seguindo a razão de forma alinhada com o coração.

Nossa felicidade é muitas vezes destruída pela ilusão. Sonhamos em ter um bom casamento, mas imaginamos um conto de fadas no qual tudo será perfeito, com princesas, príncipes e um final feliz. Ela só não nos conta que o final feliz é feito com muito amor, aprendizado, respeito e paciência.

Basta olhar ao nosso redor para ver o quanto somos enganados pelas ilusões. Sempre surge, por exemplo, um novo tipo de investimento ou negócio que pode nos deixar milionários do dia para a noite, ou então produtos que a propaganda diz serem essenciais para a felicidade quando, no fundo, não servem para nada além de nos fazer perder dinheiro. Veja como sempre aparecem pessoas que conseguem nos enganar. No entanto, elas só obtêm êxito quando descobriram uma fraqueza em nós. Em geral, a ilusão só engana aqueles que se permitem ser enganados e muitas vezes eles preferem se iludir a ter que enfrentar seus medos e seus erros.

A lenda do Minotauro ilustra bem como funciona a ilusão. Minos solicitou ao deus Poseidon que o transformasse em rei de Creta, um pedido que foi atendido. Poseidon, porém, exigiu em troca que ele sacrificasse, em sua homenagem, um lindo touro branco que sairia do mar. O rei aceitou, contudo ficou tão impressionado com a beleza do animal que resolveu matar outro touro em seu lugar, esperando que o deus não percebesse. Poseidon castigou o mortal ao fazer a esposa de Minos, Pasífae, se apaixonar pelo touro, de quem ela acabou engravidando e de cuja união nasceu a besta Minotauro.

Poseidon é conhecido na mitologia como o rei dos mares, das ilusões, aquele que ensina os mortais a separar o que é real do irreal. Com seu tridente, cria imagens que se desvanecem. Inclusive, ele pode facilmente alterar sua forma. Em seus domínios, vivem as sereias, que encantam os marinheiros e os atraem com suas vozes apenas para depois devorá-los. Assim é o destino da vida daqueles que não procuram destruir suas ilusões: acabam perdendo tempo, oportunidades, alegrias e realizações.

Minos tentou enganar Poseidon, e por isso recebeu o castigo. O Minotauro, fruto da ilusão de sua esposa e da traição de Minos, conforme crescia, sentia sua sede por sangue humano aumentar. Sua agressividade amedrontava a todos e Minos, em vez de resolver o problema, pediu a Dédalo que construísse o labirinto no qual pudesse prender a besta. Coube a Teseu, que também é filho de Poseidon, lutar contra o monstro e provar o que é real, destruindo as ilusões.

Mantenha suas expectativas em perfeito equilíbrio com a realidade

> *"A expectativa é o maior impedimento para viver: leva-nos para o amanhã e faz que se perca o presente."*
> SÊNECA

A ilusão conta com uma aliada para nos causar infelicidade: a expectativa. Há a seguinte fórmula de acordo com a filosofia: "Felicidade é igual a realidade menos expectativas". As mentiras que a ilusão nos conta servem para que exacerbemos aquilo que esperamos que aconteça de tal maneira que não damos valor quando atingimos nossos objetivos. Estaremos sempre insatisfeitos com os resultados porque as expectativas nunca poderão competir com a realidade.

No momento em que um indivíduo espera ou deseja muito por algo que, eventualmente, não é realizado, surge o sentimento de desilusão. Isso acontece porque a expectativa é uma suposição nem sempre baseada na realidade, uma incerteza preenchida ou aumentada pelas ilusões, criada quando alimentamos a esperança de uma promessa se tornar realidade. Ela se origina de uma possibilidade de algo real, entretanto a tendência é sempre imaginarmos alguma coisa diferente do que realmente é.

Quando você era criança, algum parente em específico sempre lhe dava os melhores presentes? Se sim, provavelmente todo Natal você torcia para que ele o sorteasse na brincadeira do amigo secreto. Imagine, então, a situação em que, em vez dele, seu primo pobre tivesse tirado o papel com o seu nome. A expectativa de receber um presente grande e caro seria quebrada e você ficaria chateado e frustrado.

No entanto, isso também pode nos auxiliar a manter um padrão elevado – a intenção de sermos bem-sucedidos, por exemplo, nos ajuda a manter metas que queremos atingir. Quando nos traz mais desilusão do que surpresas positivas, porém, devemos diminuir as expectativas ou simplesmente evitá-las.

As crianças são felizes porque têm poucas expectativas. Quando começam a criar a suas ilusões, passam a se frustrar. O segredo da felicidade é não criar expectativas ou imaginar situações o mais perto possível da realidade, aceitando de bom grado o que nos for dado.

Exercícios para o autoconhecimento

Para lidar com os problemas do passado

1. Investigue, sem culpar terceiros, como você aprendeu a lidar com seus problemas. Pense na sua família ou nas pessoas com quem mais conviveu. Como lidavam ou reagiam quando os problemas surgiam? Choravam, se enraiveciam ou eram pacientes? Agiam ou se omitiam? Criavam soluções ou criticavam?

2. Veja o quanto você imitou os comportamentos aprendidos quando teve de lidar com seus problemas. Analise os pensamentos que surgem quando se lembra deles. Perceba as emoções que a lembrança traz.

3. Quais foram os maiores aprendizados que seus problemas trouxeram? O quanto eles modificaram você positiva ou negativamente? Como você deveria ter agido?

4. Reflita qual foi o maior problema que você já resolveu ou ajudou a solucionar. O que sentiu nessa situação?

Transforme problemas em oportunidades

5. Estude profundamente o problema para entendê-lo, respondendo com paciência às perguntas a seguir.
    - Qual oportunidade meu problema está me mostrando?
    - Como eu devo me sentir quando penso no problema? Que sentimentos positivos escolherei para encarar a situação? Quais

sentimentos e pensamentos negativos devo imediatamente eliminar da minha consciência?
- Quais serão meus ganhos pessoais quando resolver o dilema? Quem mais ganhará quando solucionar o problema? Quantas pessoas serão afetadas positivamente? Se alguém for afetado negativamente, será justo?
- Quais serão os aprendizados que vou adquirir quando meu problema for resolvido e transformado em oportunidade?
- Como vou me sentir quando o problema for solucionado e a oportunidade for aproveitada?
- Quais atitudes preciso tomar para resolver o problema?

Para o cérebro resolver problemas

6. Escolha um problema qualquer e exercite a sua criatividade e visão. O que você faria para resolvê-lo? Sua ideia seria viável? Há quantas soluções possíveis? Qual delas é a mais eficaz? Estimule os outros, inclusive seus filhos e amigos, a participarem desta atividade.

Assuma a responsabilidade pelos próprios problemas

7. Não fuja mais dos seus problemas. Tenha coragem para enfrentá-los. Acredite que você tem o poder e a capacidade de encontrar uma solução. As pessoas vão conhecê-lo pelos problemas e pelas dificuldades que venceu e, no final, você saberá quem é, qual seu verdadeiro valor e sua força.

Para destruir as ilusões

8. O que você pode identificar como ilusão? Quais ilusões você já sofreu e o que elas o ensinaram? Consegue separar as ilusões do que é real em suas metas ou sonhos?

9. Quais são suas expectativas? Você diria que elas são realistas? Estão muito elevadas? Não seria melhor tentar evitá-las ou diminuí-las e deixar a realidade superar a expectativa?

10. Olhe para sua vida e pense nos seus maiores sonhos. Quais são eles? Quais deles já realizou? Quais você já transformou em metas? Procure lembrar-se de quando era uma criança, porque, em geral, na infância, nosso inconsciente nos fornece sonhos como mensagens para o nosso futuro. Na infância, brincadeira é coisa séria. Lembre-se dos seus sonhos infantis. De que você mais gostava de brincar?

5º Brinque como uma criança

*"Nós não paramos de brincar porque envelhecemos,
mas envelhecemos porque paramos de brincar."*
OLIVER WENDELL HOLMES

Quando foi a última vez que você brincou de verdade? Você com si mesmo! Não vale se lembrar da última vez que brincou com seus filhos, mesmo porque não são muitos os pais que realmente brincam com eles. Poucos são os que conseguem brincar como as crianças e sentindo-se tão iguais nas emoções que não sobra espaço para nenhum outro pensamento.

A pergunta é: depois de adulto, quando foi que você brincou como fazia quando era criança? No tempo em que não havia problemas nem contas a pagar, sabe? Quando não existia sequer a preocupação de ir à escola e fazer lição de casa ou ser submetido a alguma prova. Época em que você não tinha uma ideia clara sobre quem era seu pai ou sua mãe, o que eles faziam para sobreviver ou a posição social que ocupavam; apenas sabia que eles eram muito próximos e que cuidavam de você. Não importava se você era rico ou pobre, feio ou belo, magro ou gordo – bem antes de esses julgamentos aparecerem. Recorda-se? Consegue se lembrar da última vez em que brincou sem se preocupar em se sujar ou rasgar as roupas, sem ter fome ou sono, sem olhar para o relógio e – o mais importante – sem precisar arrumar os brinquedos depois?

Com o que você mais gostava de brincar? O que o deixava entretido de tal maneira que não precisava nem mesmo de parceiros, pois isso poderia estragar sua diversão? Tente se recordar de uma ocasião pura (para que não se abra margem para outras interpretações maliciosas, deve ser um instante sincero e inocente). Não há problema em se lembrar de alguma brincadeira em que outras pessoas estivessem ao seu lado, contanto que você sentisse aquele momento como sendo único e totalmente seu. Ali você era a sua essência manifestada. Que idade tinha? Consegue se recordar de outro exemplo? É capaz de trazer para o agora essas memórias da forma mais nítida possível?

Há quem meça o grau de felicidade pela qualidade dessas lembranças. E todos, de uma maneira ou de outra, têm memórias inesquecíveis. Por mais que as pessoas tenham vivido dura ou sofridamente, ou ainda de maneira fútil e inútil, sempre houve espaço e tempo para as brincadeiras.

Uma amiga da nossa família viveu os horrores da Segunda Guerra, histórias de dor e terror, ainda assim ela se lembrava da brincadeira que mais a alegrava e de estar sempre com sua boneca de pano nas estações de trem. Quando a ouvíamos narrar suas histórias, podíamos notar as marcas da tristeza e da dor sulcadas em seu rosto, sua expressão suavizava e um sorriso surgia no seu rosto – parecia até que uma luz aparecia – quando ela se lembrava das brincadeiras,

É possível ver através do nosso rosto o quanto somos felizes, porque os músculos se exercitam com sorrisos e gargalhadas, amenizando nossas expressões. Brincar nos ajuda a sorrir.

Brincar é a melhor maneira para ir ao encontro da sua criança interior. Talvez você ainda não tenha descoberto a verdadeira importância dela, mas ela é a estrela-guia que pode tirá-lo dos desertos da falta de criatividade e da escassez de alegria. Ela existe dentro de você, é o seu próprio eu, faz parte da sua vida e irá acompanhá-lo até o último suspiro.

• • • • • • • • • • • • • • • • • •

> "Ao brincar, a criança assume papéis e
> aceita as regras próprias da brincadeira,
> executando, imaginariamente,
> tarefas para as quais ainda não está apta ou
> não sente como agradáveis na realidade."
>
> *Lev Vygotsky*

• • • • • • • • • • • • • • • • • •

A vida é feita de fases, e uma das mais importantes tem sido negligenciada pelo sistema educacional e pela forma como pais educam os filhos. Hoje, preocupa-se mais em endireitar as crianças, educá-las para o sistema, imputar nelas a obediência rígida e a ordem. Apesar de fundamental para o bom convívio social, isso é feito da pior maneira possível, tolhendo da criança o protagonismo e o prazer de aprender de forma lúdica.

Em sua maioria, as escolas, desde as creches até as de ensino fundamental e médio, não possuem estrutura adequada para que a criança brinque de forma saudável; não há brinquedos, mas uma única salinha chamada brinquedoteca onde os alunos se apertam ou passam pouco tempo; os parquinhos não são planejados para fazer a criança explorar todos os seus sentidos. No playground não há sombra! Imagine, leitor, um sol de 40 graus e a criança escorregando direto para o chão de cimento? Essa é a realidade da educação em muitos lugares do nosso país. Enquanto o mundo, a partir da década de 1990, já se conscientizou da importância do brincar para o desenvolvimento social e cognitivo do ser humano, aqui no Brasil nós ainda estamos engatinhando em um chão cheio de pedregulhos.

A pedagoga, escritora e pesquisadora Tizuko Morchida trouxe ao Brasil importantes contribuições para a área da educação e um alerta sobre a importância do brincar. De acordo com seus ensinamentos, é pelo caminho da brincadeira que a aprendizagem acontece de forma muito mais qualitativa. Com base em seus estudos, separamos algumas das maiores contribuições que o ato de brincar traz para uma pessoa – inclusive para o adulto.

1. Brincar é importante para desenvolver todas as áreas do conhecimento, despertar o interesse pelo aprendizado e descobrir como as coisas funcionam. Instiga a curiosidade, a investigação e o prazer em aprender.
2. Desenvolve habilidades e potencialidades. A criança que brincou bastante tem mais liderança, capacidade de escolha, maior domínio espacial, aprende a pensar por si e a raciocinar melhor. Também aprimora o protagonismo e o senso de responsabilidade.
3. Tem-se maior empatia e inteligência emocional. Ao brincar com mais parceiros, a criança desenvolve habilidades emocionais e é capaz de interagir melhor com seus sentimentos, aprende a obedecer às regras e a aceitar o outro com mais empatia. Aprende a partilhar e dividir funções. Ajuda a tomar decisões e a ser mais flexível como ser humano.

Como podemos ver, a qualidade da educação é o que faz a diferença no crescimento de um adulto saudável e, por consequência, de profissionais melhores e indivíduos mais comprometidos em sua autofelicidade e na melhoria da sociedade. A condição fundamental para que isso ocorra é a brincadeira. Quando se deixa de brincar, o mundo fica tedioso demais – talvez por isso a sociedade esteja tão caótica e depressiva.

Certo dia, conversávamos sobre livros com nosso amigo Anderson Cavalcante, escritor e editor. Estávamos chocados com o fato de os livros mais vendidos no mundo naquele ano terem sido os de colorir. Como a humanidade preferiu fazer mandalas coloridas a adquirir conteúdo? Uma excelente pergunta, mas que pode ser respondida quando identificamos o que faz as pessoas agirem dessa maneira.

A razão dessa suposta fuga é que, na verdade, ela é uma maneira de buscar algo que há muito se perdeu: o tempo para brincar, pintar e relaxar. As pessoas não encontram mais conteúdos de qualidade – e, mesmo quando os encontram, não conseguem tempo para ler com propriedade nem mesmo estão em uma fase tranquila que possibilite a absorção dos assuntos que lhes interessam. Preferem, portanto, pintar. Contudo, o fato é que muitas pularam fases, deixaram de brincar quando crianças ou por imposição da sociedade, ou porque a vida assim exigiu. Mas o que impede você de brincar de verdade depois de adulto?

Quando Christian era pequeno, criou uma biblioteca com todos os nossos livros, os quais ele alugava para os parentes. Foi uma iniciativa dele. Até uma de nossas empregadas teve de alugar alguns por um valor simbólico. A brincadeira preferida dele era empreender e fazer negócios.

Enquanto ficávamos na casa da avó Aparecida, Christian costumava fazer com ela brinquedos de madeira. Aproveitando as sobras da marcenaria em frente à nossa casa, ela ensinou o prazer dos trabalhos manuais. Casinhas, barquinhos e camas de boneca surgiam de suas mãos habilidosas e Alexandre ajudava lixando, colando ou cortando as madeiras. Vendo a oportunidade, Alexandre vendia na loja de nossa outra avó, Rosa, as peças que fabricávamos. E depois trapaceava nos pagamentos, mas tudo bem... ele corrigiu isso vinte e oito anos depois.

Quando pensamos sobre isso, parece que Alexandre pulou a fase de brincar, porém quando ele, aos 6 anos, desmontou o seu computador e depois o montou novamente, na verdade, estava vivenciando uma das fases em que a criança precisa construir e destruir, ver o que tem dentro. E a atitude do meu pai também foi louvável, pois, ao invés de dar uma bronca ao ver o aparelho todo em pedaços, estimulou e elogiou sua iniciativa, contribuindo com o desenvolvimento de sua autoconfiança.

O que vemos hoje são pais que, na melhor das intenções ou por ignorância, acabam punindo as iniciativas mais nobres, reprimindo de forma equivocada e sem a menor percepção do que está se passando pela cabeça dos filhos. Precisamos, portanto, ter cuidado com nossas atitudes e principalmente com os anseios de aprendizado de nossa criança interior. Não podemos pular fases. Quando fazemos isso, sentimos a necessidade de preencher mais tarde as lacunas que ficaram faltando.

Sobre Christian ter pulado ou não etapas, a resposta veio muitos anos depois. Em um Natal, ele pediu de presente de amigo-secreto nada mais nada menos do que bonecos da franquia *Star Wars*. Naquele momento, Alexandre comentou com o avô que, quando criança, era ele quem pedia bonecos, mas que agora, depois de adulto, quem brincava de bonequinhos era o irmão. O avô deu risada. Nada como o tempo para provar que estamos certos.

....

> "Brincar é condição fundamental
> para ser sério."
>
> *Arquimedes*

....

Deixar as crianças brincarem o quanto quiserem não é preocupante, pois uma brincadeira bem conduzida e orientada a um aprendizado específico é capaz de, por si só, fazê-las desenvolverem responsabilidade, noções de tempo e, principalmente, a capacidade de resolver problemas. Devemos, portanto, estimular as brincadeiras. O mesmo vale para os adultos, porque brincar ainda é a melhor e mais divertida forma de estimular e desenvolver nossas habilidades cognitivas e emocionais. Além disso, os momentos em que passamos brincando alimentam nossa alegria e felicidade.

Você com certeza deve estar se indagando como vai encontrar tempo para brincar tendo tantos problemas para resolver. Com tantas demandas, a simples sugestão de parar tudo para brincar é absurda. Entretanto brincar é uma maneira de relaxar a mente e permitir que as soluções apareçam. Quando você brinca de verdade, livra-se de tensões, expectativas e pressões.

É conhecida a história de como Arquimedes descobriu o princípio que ficou batizado com seu nome. Ele precisava saber se a coroa do rei de Siracusa fora feita com o ouro que havia encomendado. O físico, depois de muito quebrar a cabeça, somente encontrou a fórmula para desvendar a densidade dos materiais quando mergulhou em sua banheira e relaxou a mente. Foi então que percebeu: "Todo corpo mergulhado em um fluido em repouso sofre, por parte do fluido, uma força vertical para cima, cuja intensidade é igual ao peso do fluido deslocado pelo corpo".

Você pode e deve mergulhar em determinado problema, mas somente quando relaxa e se abre para as percepções sutis consegue encontrar as soluções. É o brincar que proporciona isso. Lembre-se da paráfrase da fórmula: toda vez que mergulhamos o corpo em uma banheira relaxante e repousamos, nossa força vital se renova e o peso dos problemas é deslocado do corpo. Brinque com água, valerá a pena nos dias em que estiver de cabeça quente.

Muitos experimentos e invenções que moveram a humanidade nasceram de brincadeiras. O adulto que consegue preservar a sua criança interior e dar liberdade para que ela se expresse é muito mais intuitivo e criativo. Além disso, brincar é prazeroso, e o prazer é uma forma de motivação.

Caso você tenha vergonha de que os outros o vejam brincado, brinque escondido. Por que não? Tem tanta coisa que conseguimos esconder dos outros – o que não podemos é nos esconder de nossos desejos, mesmo que pareçam infantis. Aliás, se você sentir que algo é infantil e por isso está relutante, pare e compreenda o que está acontecendo: sua criança interior precisa brincar para aprender algo importante. Deixe fluir, mergulhe na experiência e, ao submergir, traga a tona aquilo de que sua alma está precisando.

Exercícios para aprender a brincar

1. Assuma a seguinte atitude: "Não estou nem aí para que os outros vão pensar ou dizer". Ninguém vai resolver seus problemas por você, portanto não dê ouvidos a críticas. Por detrás de adultos muito ranzinzas há uma criança aprisionada e frustrada. Faça e motive os outros com o seu exemplo. Quem sabe eles não começam a brincar novamente?

2. Escolha uma brincadeira que sempre o divertia quando criança e a faça novamente. Nesse momento, vale até brincar de médico. Algumas pessoas não estão nem tendo tempo para isso, e a sexualidade também é importante para a felicidade. Brincar é coisa séria, por isso, se essa for a brincadeira escolhida, faça direito!

3. Seja verdadeiro, entre no espírito. Retire toda e qualquer preocupação da mente. Mergulhe de cabeça na brincadeira. Concentre-se – basta ver o quanto as crianças ficam compenetradas quando estão "brincando". É o lúdico que ensina, é o prazer que desenvolve a mente.

4. Encontre seus amiguinhos de brincadeira. Podem ser seus filhos, irmãos ou amigos. Volte a jogar futebol ou paintball, faça uma festa do pijama, leve jogos de tabuleiro, videogames etc. O importante é compartilhar os momentos e criar laços ainda mais fortes. Evite competição. Use o tempo para socializar e aprender que os verdadeiros líderes se abaixam para que os outros se elevem.

5. Visite um parque. Se estiver com problemas em se soltar ou entrar no espírito, vá a algum lugar no qual há muitas crianças se divertindo. Olhe, aprenda, observe-as e se permita alegrar-se com a alegria delas. Não leve celulares e nada que o impeça de estar presente no momento.

6. Adote animais de estimação. Gatos e cachorros sabem como brincar, ainda mais quando pequenos. Ovelhas, cabras e cavalos também. Que tal programar um dia para ir a um hotel fazenda ou visitar uma feira de adoção? Ou você pode simplesmente assistir a vídeos engraçados de animais brincando!

7. Compre um presente para uma criança carente e um presente para você. Faça como o Christian, que hoje brinca com os bonecos da franquia Star Wars! Por que não? Se quiser, também pode comprar outros brinquedos mais caros, afinal você com certeza já ouviu aquela frase que diz que a única diferença entre um homem e uma criança é o valor e o tamanho de seus brinquedinhos. Aproveite o tempo e divirta-se.

6º Durma como se não houvesse contas a pagar

"Não há dor que o sono não consiga vencer."
Honoré de Balzac

Você já conseguiu descobrir o que tira o sossego do seu sono? Como têm sido suas noites? Insones? Agitadas? Com o sono entrecortado? Quantas horas consegue dormir de verdade? E depois de uma longa noite maldormida, como está sua disposição e energia ao levantar?

A questão do dormir bem é condição essencial para se ter qualidade de vida, produtividade e felicidade. A ciência já realizou vários experimentos que comprovaram que nós precisamos dormir para não enlouquecer. Ter o sono privado pode inclusive causar a morte.

Existe uma estranha doença, a chamada insônia familiar fatal, que afeta o tálamo, o nosso centro de organização cerebral. Quem sofre de IFF está sempre "ligado", perde o controle do sono-vigília e a resposta dos sentidos. Ao aparecerem os sintomas, a evolução da doença é rápida e a expectativa de vida é, em média, de dois anos.

Uma breve pesquisa nas páginas da ciência médica mostra uma série de consequências que um sono de má qualidade ou a privação dele causam no corpo humano. Segue uma pequena lista do que acontece.

1. Tendência maior de se sofrer acidentes.
2. Fisionomia cansada e mau humor.
3. A contagem espermática diminui.
4. Há mais chances de descontrole emocional.
5. Perda de foco e problema de memória.
6. O risco de se sofrer um AVC é quatro vezes maior.
7. Aumento significativo do risco de obesidade (estatísticas comprovam que as geladeiras são mais assaltadas durante as noites de insônia).
8. Alguns tipos de câncer podem se desenvolver.
9. Intensifica-se o risco de morte.
10. Risco de surgirem doenças psiquiátricas, como depressão e ansiedade.

E é melhor pararmos por aqui, antes que isso comece a tirar seu sono.

As consequências de dormir mal já foram comprovadas e estudadas, no entanto pouco se sabe sobre as causas que geram a maioria dos distúrbios do sono, bem como a dificuldade em conseguir dormir bem. Algumas dicas podem ser extremamente úteis para combater a insônia, as quais estão listadas a seguir. Apesar de parecerem óbvias, afinal todo mundo diz que sabe o quanto é importante dormir bem, muitos detalhes passam despercebidos. Por diversas vezes não temos paciência e disciplina para seguir o que é proposto, e o resultado são as noites maldormidas. Claro que cada caso é um caso, então procure ajuda profissional se achar necessário. Os institutos do sono realizam um excelente trabalho de pesquisa nessa área.

1. Exercite-se durante o dia

O exercício aumenta a duração e a qualidade do sono, além de produzirem mais serotonina no cérebro. Exercícios de intensidade moderada e rotineiros ajudam a diminuir os níveis de cortisol, o hormônio do estresse. É importante não exagerar. O treinamento excessivo tem sido associado à piora da qualidade do sono. Treinar de manhã cedo parece ser melhor do que no final do dia.

2. Luz durante o dia, mas evite-a ao escurecer

Somos programados para que a escuridão aumente a produção de melatonina, um hormônio essencial para o sono. A luz influencia o ritmo circadiano do corpo, que regula o sono e a vigília. Portanto, evite principalmente a luz azul (comprimento de onda de luz encontrado em *smartphones*, televisores, computadores, lâmpadas de LED brancas, entre outros dispositivos). Também se recomenda desligar os aparelhos eletrônicos, computadores e telefones celulares para garantir um local silencioso, livre de distrações.

3. Atenção ao que você come

Refeições com alto teor de carboidratos podem ser prejudiciais para um bom descanso. Embora uma dieta rica neles possa fazê-lo dormir mais rápido, não será um sono tranquilo. Já as refeições com alto teor de gordura podem promover um sono mais profundo e tranquilo. Se o seu jantar for composto por uma refeição rica em carboidratos, é melhor comê-lo pelo menos quatro horas antes de dormir.

Bebidas também ajudam. Chás calmantes de camomila, erva-doce e erva-cidreira, por exemplo, contribuem para uma noite bem-

-dormida, pois são relaxantes. O leite morno (se você não for intolerante à lactose) pode auxiliar também, por conter triptofano, um aminoácido precursor da serotonina, mesmo que em quantidades pequenas. Para potencializar essas bebidas, inclua nelas mel – alguns tipos, como o silvestre, o de flor de laranjeira e o assa-peixe, têm propriedades calmantes e fazem o corpo e a mente relaxarem.

4. Cuidados com o ambiente

Fique confortável. O colchão e a roupa de cama têm de ser confortáveis. Um colchão de tamanho médio e firme contribui positivamente para a qualidade do sono e evita desconforto muscular. O travesseiro, que também é crucial, pode afetar sua curva no pescoço, a temperatura e o conforto.

Diminua a temperatura do ambiente. Para dormir mais rápido, troque o cobertor por uma manta mais fina ou evite banhos muito quentes antes de dormir (algumas pessoas acreditam que relaxam mais com banhos quentes). Descubra a temperatura que ajuda você a dormir mais rápido.

Ouça música relaxante, que, de acordo com vários estudos, pode ajudá-lo a adormecer mais rápido e até mesmo ser usada no combate aos distúrbios crônicos do sono. Música relaxante promove um sono mais profundo. Escolha o seu estilo – podem ser cantos budistas, gregorianos, *new age*, clássicos, celtas, taoistas etc. Se não tiver essa arma em mãos, tente bloquear os ruídos para dormir mais rápido e sem interrupções.

Aromatize o ambiente. Uma revisão sistemática de 12 estudos revelou que a aromaterapia, prática que envolve o uso de óleos essenciais, foi eficaz na melhoria da qualidade do sono. A lavanda tem efeitos positivos e ajuda a dormir mais rápido. Coloque um difusor de óleo essencial para aromatizar seu quarto com essências relaxantes.

5. Pratique ioga, meditação e respirações

A prática de ioga estimula padrões respiratórios e movimentos corporais que amenizam o estresse e a tensão acumulados no corpo. Meditar pode aumentar os níveis de melatonina e ajudar no sono. Use algum método respiratório que promova tranquilidade e relaxamento para você e ao qual consiga se adaptar. Há diversas técnicas de respiração ensinadas na ioga e em escolas de meditação que podem auxiliar a reduzir a ansiedade e o estresse.

6. Defina seus horários

Definir um horário para dormir contribui para o ritmo circadiano, que mantém o corpo em alerta durante o dia e com sono durante a noite. Nosso relógio biológico adota um horário regular quando temos horários programados. O corpo se ajusta a essa programação, por isso fica mais fácil dormir e acordar na mesma hora todos os dias.

Evite olhar o relógio. É normal acordar no meio da noite. Se você tem filhos pequenos, pode ser que seu sono esteja realmente passando por dificuldades. É natural ficar atento e preocupado com a criança – isso é característico de toda mãe e todo pai responsáveis. Olhar para o relógio pode atrapalhar, caso seja despertado no meio da noite. Em geral, esse comportamento pode causar ansiedade e levar à insônia. Acordar e não voltar a dormir faz o corpo se habituar a uma rotina errada. Como resultado, você pode acordar sempre no meio da noite.

Benefícios de uma boa noite de sono

Falamos das complicações que a falta de um bom sono traz, mostramos algumas dicas que podem ajudar a dormir melhor e agora vamos apresentar alguns benefícios de uma boa noite de sono. Pode parecer desnecessário, mas a verdade é que poucos sabem quais são eles – e, se os conhecem, parecem não seguir as dicas de forma correta.

Durante o sono, o organismo começa a reorganizar seus sistemas para uma nova jornada de atividades. A imunidade é reforçada, células são renovadas, radicais livres são neutralizados e a memória é consolidada. Passamos por um processo de profundo relaxamento. O hormônio de crescimento é ativado, auxiliando também no vigor físico e prevenindo a osteoporose e a flacidez muscular. Nosso cerebelo e suas regiões frontais desempenham ativamente suas atividades, renovando nossa coordenação motora e capacidade de planejar e executar tarefas. É durante esse momento que sonhamos, e o que aprendemos durante o dia é processado e armazenado. O corpo também limpa o cérebro de toxinas acumuladas durante o dia. Por isso, o humor, a criatividade, a atenção, a memória e o equilíbrio estão intimamente ligados a uma boa noite de sono.

A ciência já conseguiu explicar muitos aspectos relacionados ao sono, mas há alguns que ela ainda está sonhando em descobrir: por exemplo, as disfunções que fazem alguns indivíduos permanecerem anos sem dormir. Sim, é um fato verdadeiro. Existem pelo menos 13 pessoas atualmente no mundo, estudadas pela ciência médica, que simplesmente não dormem. Algumas estão há mais de sessenta anos sem dormir. Por incrível que pareça na maioria desses casos, elas têm uma vida normal; a saúde, as capacidades físicas e mentais são estáveis. Como isso é possível?

Para muitos, ficar sem dormir seria uma vantagem. Tendo em vista que dormimos durante um terço de nossa vida, alguns acreditam que poderiam produzir e aproveitar esse tempo de forma melhor. Essa questão relativa à quantidade de horas de sono necessárias para nossa recuperação física e mental é muito discutida. Alguns estudos dizem que a quantidade de horas de sono não é o que nos recupera, mas, sim, a quantidade de horas que passamos no estágio dos sonhos. Ou seja, a quantidade de horas sonhadas por noite.

Diversas personalidades famosas da história dormiam muito pouco. Dizem que Thomas Alva Edison, inventor com mais de mil patentes, Salvador Dalí, pintor e artista, Leonardo da Vinci, escultor, inventor, pintor, dormiam apenas duas horas por noite. Inclusive, a frase "O sono e o sexo são duas coisas que me lembram de que sou mortal" são atribuídas a Alexandre, o Grande, invencível conquistador do mundo antigo. Nikola Tesla, outro grande inventor e gênio, também dormia duas horas e vinte minutos por noite. Todos esses personagens foram responsáveis por grandes feitos, mas será que isso teve a ver com o fato de dormirem pouco? Ou será que a mente deles era diferente da nossa? Talvez possuíssem um método diferente de relaxar, descansar e pegar no sono.

Richard Buckminster Fuller, famoso arquiteto e inventor, criou uma técnica eficiente de sono, cuja ideia é dormir durante trinta minutos, quatro vezes ao dia, a cada seis horas. Os médicos o examinaram depois de dois anos utilizando essa técnica e disseram que ele estava completamente saudável. Richard assegurava que jamais havia se sentido com mais energia. Winston Churchill utilizava a técnica do cochilo:

> Você deve tirar um cochilo entre o almoço e o jantar! Tire sua roupa e se deite. É o que eu sempre faço. Não acredite que você trabalhará menos por dormir durante o dia. Ao contrário, você terminará fazendo mais, pois é como ter dois dias em um só.

Algumas pesquisas apontam, contudo, que tirar cochilos não é tão eficiente para recuperarmos a energia.

O pesadelo da ciência parece ser não conseguir um método definitivo para melhorar o sono ou diminuir a necessidade de horas dormidas. Cabe a cada um desenvolver sua própria técnica. A pergunta que devemos fazer é: o quanto para nós o sono e o dormir são importantes e necessários? Assim como o sonho de muitos seria conseguir ficar acordados, outros trocariam um prêmio bilionário na loteria para dormirem pelo tempo que quisessem.

Algumas tradições místicas judaicas, como a Cabala, afirmam que o tempo que passamos no mundo dos sonhos é muito mais real e intenso do que o tempo que estamos despertos. Dormir é a porta de entrada para o mundo espiritual. Freud e Jung também atribuíam grande importância ao sono e, principalmente, aos sonhos. Muitos inventores, pesquisadores, compositores, escritores, empresários, líderes, generais e vários outros profissionais de inúmeros ramos da atividade humana extraíram suas melhores ideias depois de boas-noites de sono ou após períodos de total relaxamento.

. . . .

> "O segredo da criatividade está em dormir bem e abrir a mente para as possibilidades infinitas.
> O que é um homem sem sonhos?"
>
> *Albert Einstein*

. . . .

O segredo para dormir bem

No antigo Egito, as pessoas acreditavam que ao final da vida seriam julgadas pelo que tivessem feito. Seu coração seria colocado em um dos pratos da balança da justiça; no outro, seria depositada uma pena. Para que a alguém ganhasse o direito à vida eterna, seu coração deveria ser mais leve do que a pena.

Se ao final do dia pudermos esquecer as ofensas que nos cometeram, as injustiças e os desagrados, se conseguirmos perdoar a todos que nos quiseram o mal e a nós mesmos, teremos um coração leve e uma consciência tranquila.

Os antigos diziam que o segredo da felicidade é não ter contas a pagar. O segredo de dormir bem seria, então, ir se deitar como se não houvesse contas a pagar? Nem a receber? Se você deve e se preocupa com isso, não vai conseguir dormir. Caso alguém lhe deva dinheiro e isso tire o seu sossego, duvido que consiga uma boa noite de sono.

Conseguir dormir bem, como podemos ver, é a soma de muitas variáveis: alimentação, ambiente, horários, problemas de saúde, distúrbios do sono entre várias outras, que contribuem ou atrapalham na hora de deitar a cabeça no travesseiro. Entretanto, um dos mais importantes fatores é o controle da mente e das emoções, que podem se resumir em uma palavra: preocupações.

Exercícios para dormir bem

1. Descubra seu próprio método de sono. Teste o que melhor se adapta à sua rotina. Caso necessário, procure ajuda de especialistas no sono.

2. Veja a quantidade de horas necessárias. Se for dormir pouco tempo, certifique-se de que seu corpo e sua mente mantenham-se saudáveis para que você consiga ter energia e produtividade.

3. Investigue as causas que podem estar prejudicando seu sono, como ambiente, colchão, alimentação, falta de rotina etc.

4. Lembre-se das melhores e mais bem-dormidas noites da sua vida. Estude as razões e condições que o fizeram dormir bem naquela época. Quantos anos você tinha? Que situações contribuíam para você dormir bem? Naquela época havia muitas preocupações em sua vida? Quais eram elas? E hoje, quais são as suas maiores preocupações?

7º Livre-se de suas preocupações, principalmente antes de dormir

"A primeira regra é manter o espírito tranquilo.
A segunda é enfrentar as coisas e tomá-las pelo que realmente são."
Marcus Aurelius

No Exército, costuma-se dizer o seguinte: "Preocupar-se não é ação tática". Esse ensinamento é muito útil quando lembrado, porque torna nosso pensamento objetivo, direto e prático. No meio militar, principalmente nas histórias das guerras, não há tempo para inquietações infundadas; aliás, agir de forma eficaz é o meio mais seguro de acabar com um desassossego, portanto a primeira dica é se ocupar.

Vamos compreender melhor o conceito de preocupar(-se). Os dicionários registram uma série de sinônimos desse vocábulo, tais como: deixar-se absorver por; incomodar, inquietar, desassossegar. Nossas preocupações podem (se não forem tratadas como devem) tirar nosso equilíbrio e atrapalhar nossa felicidade, bem como nos impedir de dormir. Outra definição que encontramos é: ocupar fortemente o espírito. Contudo, a "pré-ocupação" é uma ideia antecipada que gera no indivíduo sofrimento, pois ele se "pré-ocupa". Agir é ocupar-se; pensar sem definir um plano de ações é deixar-se tomar por aflições que não levam a um resultado satisfatório.

É preciso conhecer o seu próprio *modus operandi*. Como fica seu emocional quando uma inquietação surge? Sua mente, ao se preocupar, está emitindo um alerta de que algo precisa ser feito ou apontando uma futura consequência daquilo que não foi realizado adequadamente. A mente consciente capta essa mensagem como uma preocupação. Esta, por sua vez, vem sempre como uma confusão de pensamentos e sentimentos, muitas vezes sem uma ordem prioritária. Ordenar e priorizar, controlar e gerenciar são os meios de se ocupar com um desafio para resolvê-lo e, com essas ferramentas, livrar-se da preocupação.

Nossas preocupações agem da mesma maneira que nossos medos: nos enviando um alerta. Contudo, o problema reside em prolongar o pensamento que nos inquieta até que ele chegue às nossas emoções. Pensar em algo preocupante sempre estará associado a uma ideia de risco, perda ou a algum acontecimento futuro que pode ser positivo, mas que causa ansiedade. Imagine que uma pessoa começará a trabalhar em um emprego novo. Por que ela se preocuparia, se isso é um acontecimento bom em sua vida?

Um dos meios para lidar com as preocupações é estabelecer um protocolo. Trate-as com parcimônia, veja-as com a razão e entenda os sentimentos que elas estão trazendo. Compreenda que elas podem ajudar você a fazer o seu planejamento para resolver alguma questão. No entanto, se esse estado continua o inquietando por muito tempo, significa que você não está sabendo conduzir seus pensamentos e sentimentos com exatidão para que possa encontrar maneiras corretas de agir.

Parece contraditório, mas, para não se preocupar, você deve se ocupar. E é possível escolher a hora e o momento para realizar a atividade. Não é fácil, pois requer disciplina mental e determinação, mas é importante exercitar a mente para silenciar as vozes que nos atormentam.

O que acontece conosco quando nos preocupamos?

Imagine que você está na cama, fantasiando que ganhará na loteria. Vêm à sua mente as coisas boas que faria com o seu dinheiro, mas, então, você começa a se preocupar com possíveis problemas. Pensa em esconder o dinheiro dos amigos e familiares para evitar que peçam alguma quantia emprestada ou teme que seria assaltado?

De repente, a mente se enche de imagens e pensamentos que geram sentimentos de euforia, medo ou dúvida. Você não consegue lidar com tanta informação, pois é difícil gerenciar tudo isso. Você fica confuso e a saída é tentar, de qualquer forma, pensar em outra coisa. No entanto, não demora muito e aquela preocupação volta, mas você a afasta novamente. Ela é insistente, então sua mente, para não se preocupar mais, encontra uma outra preocupação. E aí todo o processo recomeça.

O grande segredo é criar o seu método de controle da mente e das emoções, assim como a estratégia de ações a ser utilizada. Ignorar suas inquietações não é o melhor modo – você tem de entender, tentar descobrir o que elas estão lhe mostrando para depois criar um plano de ações táticas e planejar o tempo certo de agir, algo muito importante para que as preocupações (que, na verdade, são as vozes da sua mente) se habituem àquele horário. Será um momento destinado a pensar nas formas de solucionar seus problemas.

Evite fazer isso antes de deitar-se e silencie seu cérebro quando for dormir. Se isso virar uma rotina, as preocupações não vão incomodá-lo na hora de dormir. E você terá uma boa noite de sono.

> "Assim como um dia bem aproveitado proporciona um bom sono, uma vida bem vivida proporciona uma boa morte."
>
> *Leonardo da Vinci*

Exercícios para se livrar das preocupações

1. Estabeleça seu protocolo. Entenda como suas preocupações aparecem para você. Quais são os gatilhos que as despertam? Em quais horários, geralmente, elas surgem? O que estão querendo lhe dizer? Que detalhes você está deixando passar?

2. Planeje o dia e a hora certa de agir. Quais são as ações que você precisa fazer para resolver o que o preocupa? Desenvolva seu plano de ação anotando em algum caderno ou em uma agenda o que será feito e a data da execução das tarefas.

3. Domine a mente e as emoções. Pense de forma clara e prática. Não mantenha pensamentos, imagens ou sentimentos que antecipem algum sofrimento. Normalmente, as preocupações sempre vêm em horários e momentos em que não podemos fazer nada por elas – quando estamos na cama, dirigindo ou em uma festa, por exemplo. Por essa razão, silencie a mente e tranquilize as emoções dizendo que, no momento certo, a situação será tratada. Tenha fé na sua própria capacidade de solucionar o problema.

8º Descubra os alimentos que fazem mal ao seu organismo

> *"Não reclame dos hospitais lotados, pois 70% disso são doenças causadas pela sua má alimentação! Não reclame, oriente-se e ajude!"*
>
> Heron Estevam

Comer se tornou um ato tão trivial que quase não damos mais atenção a ele. A vida cotidiana agitada, a correria, a falta de um horário adequado e regular para se alimentar, fazer as refeições no escritório, o lanche no meio do dia, tudo isso contribui para que nós tenhamos cada vez mais problemas em manter uma dieta saudável e equilibrada durante a semana. Raramente conseguimos ficar mais do que quarenta minutos desfrutando de uma refeição.

Nos tempos antigos, comer era uma prática muito importante. Os chineses e japoneses praticavam o ritual do chá, no qual deveriam concentrar toda a atenção no ato de saboreá-lo: desde o preparo ao servir até o modo de tomar, todos os detalhes eram minimamente observados. Infelizmente, hoje alegamos não sobrar tempo para dedicarmos atenção às nossas refeições.

Acordamos e tomamos um café apressado, depois passamos um bom tempo sem nos alimentar – sequer uma fruta no meio da manhã, no máximo uma bala ou uma xícara de café antes do almoço para ajudar a manter a mente desperta. Muitas vezes temos que comer enquanto trabalhamos, de forma sempre apressada e sem prestar atenção ao que se está ingerindo. Ou seja, nos esquecemos de saborear, pois estamos mais atentos às nossas atividades. E, muitas vezes, quando saímos para comer, aproveitamos para fazer uma reunião de negócios e otimizar o tempo, o que não é muito prazeroso.

Escolher o restaurante é um verdadeiro desafio, ainda mais quando se está com a família ou com colegas de trabalho. Há sempre um que não come carne, outro que desgosta de quase tudo. Um está sempre de dieta e tudo é muito gorduroso; outro come de tudo, menos jiló. Ou alguém não gosta do lugar, do atendimento, da música, do preço etc. O que deveria ser um momento de satisfação e confraternização acaba por se tornar enfadonho.

A alimentação é um fator essencial para equilíbrio, saúde e produtividade. Conseguir se alimentar bem é talvez um dos grandes desafios que as pessoas enfrentam. Muitas doenças estão associadas à má alimentação. Energia, disposição e capacidade de pensar são afetadas quando nosso corpo não consegue se adaptar a certos tipos de alimento. E o mais impressionante de tudo isso é que quase todas as pessoas sabem disso. Então, por que escolhemos ignorar?

O que questionamos não são as dietas, muitas das quais surgiram nos últimos anos, divulgadas por blogueiros, modelos, celebridades, atletas. O que precisamos observar é que cada corpo é um organismo diferente que reage de forma particular a cada tipo de alimento. Da mesma maneira, temos de levar em consideração o nosso tipo de vida. Não há fórmula mágica para emagrecer, não há dietas milagrosas. A regra do déficit calórico é a única maneira de perder peso. Devemos queimar mais calorias e ingerir menos para emagrecer. Isso é puro cálculo.

O mesmo deve ser feito quando se tem o intuito de aumentar peso ou massa muscular. Tudo precisa ser muito bem equacionado para que não se ganhe mais gordura do que músculos. A tarefa não se resume a simplesmente seguir uma dieta, que pode ser tão complexa quanto uma equação matemática. Pergunte aos maiores especialistas do ramo, aqueles que fazem do corpo o próprio laboratório: os fisiculturistas. Muitos nutrólogos e nutricionistas com Ph.D. os estudam. A famosa batata-doce, que se tornou ingrediente fundamental para todos os que querem emagrecer, foi uma dica desses atletas, que comprovaram sua eficácia pela própria experiência. A relação perfeita entre o peso corporal, a genética, o biótipo, o treino, a quantidade e a qualidade de horas que a pessoa tem disponíveis para treinar e descansar influenciam a composição da alimentação.

Para o grande público, o fisiculturismo está quase que instantaneamente associado aos anabolizantes. De fato, muitos competidores admitem fazer uso deles, mas há também um movimento crescente de atletas que optaram por não utilizar nenhuma química. Isso mostra que você pode desenvolver um corpo forte, bonito e saudável sem fazer nenhum tipo de loucura, e permanecer livre de excesso, drogas ou sofrimento. Claro que o *"no pain, no gain"* [sem dor, sem ganho] ainda é válido – aliás, sempre será, pois é uma regra básica do funcionamento fisiológico do corpo. Não caia no falso conhecimento de palestrantes charlatões que, para ganharem atenção da plateia, inventam que não é preciso sentir dor para ganhar músculos. Nesse caso, ela indica que o tecido muscular sofreu rupturas em suas fibras, as quais serão reconstruídas cada vez mais fortes. E a alimentação é o fator crucial para que isso aconteça. Certas leis da natureza não podem ser quebradas. Cuidado com os pretensos conhecedores que só querem o seu dinheiro.

Aconselhamos que você procure profissionais especializados e com competência para montar dietas ou prescrever algum medicamento, se for necessário. Nossa intenção não é discutir qual a melhor dieta, o melhor profissional para orientá-lo ou os melhores alimentos para sua saúde. Também não pretendemos entrar em discussões que ainda não possuem um consenso científico, por isso não vamos discutir se o jejum intermitente é melhor do que se alimentar de três em três horas, ou se o ovo, antes vilão, é na verdade um herói. Deixaremos isso para os pesquisadores.

Nosso intuito é fazer você investir um pouco do seu tempo e da sua atenção para descobrir os motivos da fadiga, do cansaço e da indisposição no seu dia a dia. E, para que isso aconteça, é necessário olhar atentamente para a sua alimentação.

Você tem que começar a investigar, como um cientista, que tipo de comida reage melhor ao seu organismo. Qual tempero não cai bem? Qual a quantidade certa de que você necessita por refeição para se saciar sem se empanturrar? Isso é tão individual, que é quase impossível falar de forma genérica. Um camarão para muitos é delicioso, mas para outros é a causa de uma perigosa alergia.

Por uma semana, um amigo teve de pedir à esposa que fizesse o mesmo prato, mas a cada dia ela deveria tirar um ingrediente ou um tempero até descobrir qual deles causava azia no marido. No caso dele, era o alho. O alho é bom para o coração, para dar energia, entre outras coisas, mas, por algum motivo, o organismo dele não se adaptava.

Há pessoas intolerantes à lactose e ao glúten que passaram a ter uma nova vida depois de diagnosticadas. Outras descobrem que as enxaquecas estão relacionadas ao consumo de certos alimentos como frutas cítricas, que contêm uma substância chamada octopamina, responsável por desencadear crises. Vinho, chocolate, cafeína, chá-verde, aspartame, glutamato monossódico, alimentos gordurosos e amendoim também podem causar ou agravar enxaquecas.

Após todas essas informações, podemos concluir que é difícil encontrar prazer na comida hoje em dia. Parece que aquilo de que gostamos nos faz mal, sendo necessário que nos privemos de tudo, ou mudarmos radicalmente os nossos hábitos!

> "A maior vantagem da comida macrobiótica é que, por mais que você coma, por mais que encha o estômago, está sempre perfeitamente subalimentado."
>
> *Millôr Fernandes*

É claro que existem alimentos mais saudáveis do que outros, refeições mais saudáveis do que outras. Uma alimentação macrobiótica é muito mais saudável do que frituras. O segredo, porém, está novamente no equilíbrio. Tudo é uma questão de saber dosar nas medidas certas. Por exemplo, o amendoim, que pode causar enxaqueca, é essencial para obtermos o zinco, um mineral necessário para o funcionamento adequado do sistema imunológico, não produzido pelo organismo, mas que deve ser ingerido de forma balanceada. Sua carência causa diminuição da sensação de paladar, anorexia, apatia e retardo do crescimento, assim como queda de cabelo, baixa imunidade e baixa produção de esperma. Já o excesso de zinco pode se manifestar por meio de náuseas, vômito, dores abdominais, anemia ou deficiência de cobre. Por essa razão, é importante conhecer a fundo o seu corpo e desvendar a ciência dos alimentos. Se você não tiver tempo, busque orientação. E lembre-se de que comer bem e com prazer é o caminho rumo à saúde e à felicidade.

> "Não existe amor mais sincero do que aquele pela comida."
>
> *George Bernard Shaw*

Exercícios para melhorar a alimentação

1. Marque uma consulta com um nutrólogo ou nutricionista. Não se preocupe apenas com o peso (ainda que possa ser um fator propiciador de doenças) nem com a estética, mas com a saúde, a disposição, o bom humor e a alegria. Por essa razão, construa uma dieta saudável e ao mesmo tempo prazerosa. Sim, é possível!

2. Nas próximas semanas, fique atento aos alimentos que ingerir. Perceba o que eles causam em você, se fazem bem, se provocam alguma indigestão, se você se sente cansado ou tem algum sintoma diferente. Faça um diário e descreva o que acredita estar relacionado a um possível mal-estar. Faça como Samuel Hahnemann, pai da homeopatia, e Edward Bach, pai dos florais, que tiveram de experimentar vários de seus remédios e de suas flores para chegarem ao resultado dos efeitos e benefícios de suas fórmulas homeopáticas e florais. Ou como os dietoterapeutas chineses, que comeram gengibre e anotaram os seus resultados para concluir se fazia bem ou não.

3. Escolha uma refeição, ou mais do que uma, em que você possa se alimentar com total atenção. Pratique o *slow food* e procure sentir cada sabor – e a felicidade que só comer pode proporcionar. Buda descobriu o caminho do meio: depois de quase quarenta dias sem comer, percebeu que não seriam necessárias práticas tão rígidas. Veja que ele é representado muitas vezes com uma barriguinha e com um rosto feliz!

9º Invista um tempo de qualidade com sua família regularmente

> *"A verdadeira felicidade está na própria casa, entre as alegrias da família."*
> Leon Tolstói

Algumas de nossas melhores lembranças estão na nossa infância. Toda vez que sentamos para meditar sobre os momentos de paz, alegria e felicidade, é bem mais provável que nossa imaginação nos leve a ocasiões em família. Até algumas pessoas que tiveram uma infância dura ou problemática às vezes se recordam de coisas boas vividas em família no período da infância.

Quando nos tornamos pais, nós nos regozijamos com a felicidade e alegria de nossos filhos. Um simples banho de mangueira ou uma piscininha de plástico mantêm nossos pequenos entretidos por horas, as quais se tornarão as melhores lembranças, tanto deles quanto nossas. Quem não consegue fechar os olhos e se lembrar de ocasiões boas passadas em família?

Muitas vezes reclamamos de nossos familiares, mas é uma verdadeira bênção termos parentes relativamente "normais". Costumamos dizer que toda família é igual, só muda o nome e o endereço, quando em realidade cada uma é única, mesmo possuindo muitos dos mesmos problemas.

A família é a base de tudo. Da formação intelectual, moral, das tradições, das crenças limitantes ou poderosas, dos conceitos filosóficos e religiosos. É o núcleo-base de qualquer civilização. Sempre será nosso alicerce para o sucesso e nosso porto seguro nas derrotas temporárias. Para nossos familiares, até nossos fracassos são amenizados e consolados. Com eles recuperamos nossas forças, encontramos um sentido para prosseguir, fé, esperança, temos momentos alegres e felizes.

Passar tempo de qualidade com a família é um grande desafio. Uma pesquisa britânica realizada em 25 países ao redor do mundo[1] revelou que, em média, homens e mulheres dispõem apenas de trinta e seis minutos do seu dia para dedicar tempo de qualidade à família. Como consequência, 75% dos pais entrevistados afirmaram que os filhos crescem rápido demais e um terço declarou ter pedido momentos-chave do desenvolvimento das crianças.

Não só os pais sentem isso com relação aos filhos, como o contrário também acontece: os filhos reclamam que seus pais não lhes dão a devida atenção. Gemma Arranz,[2] porta-voz da rede de lojas sueca Ikea, financiador do levantamento global, afirma o seguinte:

> Ao mesmo tempo em que oito em cada dez pais admitiram que precisam disputar com a televisão e o videogame a atenção das crianças, 73% dos entrevistados entre 7 e 12 anos disseram que preferem brincar com os pais do que ver TV e 38% afirmam que gostariam que os pais passassem mais tempo brincando com eles.

---

1. Você pode encontrar detalhes em: <https://www.uai.com.br/app/noticia/saude/2013/12/04/noticias-saude,193357/familias-tem-apenas-36-minutos-de-tempo-de-qualidade-por-dia.shtml>. Acesso em: 10 abr. 2019.
2. Idem. Acesso em: 10 abr. 2019.

Esse é o atual retrato das famílias mundo afora. Por não conseguirem gerenciar bem o seu tempo (50% dos entrevistados responderam que era o principal motivo para o desequilíbrio entre o trabalho e a família), as pessoas acabam sem energia, cansadas e não fazem nenhum planejamento para aproveitar os momentos que possuem com os seus entes queridos. Se formos mais a fundo, veremos que muito mais do que trinta e seis minutos por dia é totalmente desperdiçado em atividades fúteis, circunstanciais ou urgentes que poderiam ter sido evitadas.

Tudo é uma questão de investir um pouco mais para conseguir mais tempo para os familiares. E, quando estiver com eles, focar toda a sua atenção no que está fazendo – o maior presente é estar presente. Muitos pais "brincam" com seus filhos enquanto pensam em vários dos seus problemas no trabalho; quando trabalham, pensam que não dão suporte aos filhos.

Outra questão levantada foi a seguinte: 70% dos entrevistados admitiram que regularmente a família se reúne apenas para assistir à televisão, em silêncio sepulcral, porque todos estão cansados demais para conversar. Antigamente, as pessoas faziam careta nas fotos em família. Hoje, para reuni-las para uma foto, devemos pedir para que saiam das redes sociais e dos celulares. Todos querem tirar uma *selfie* para postar no Facebook com o título "Confraternizando com a família", porém, tão logo a postam, já estão com os olhos vidrado no celular. Não se sabe com quem é melhor perder tempo.

· · · · · · · · · · · · · · · · · ·

> "O que faz a tua rosa mais importante
> é o tempo que perdeste com ela."
>
> *Antoine de Saint-Exupéry*

· · · · · · · · · · · · · · · · · ·

Já comentamos nos primeiros capítulos sobre a pesquisa da Universidade de Harvard que acompanhou por mais de setenta e seis anos um grupo de pessoas para tentar descobrir o que lhes proporcionava a felicidade. De acordo com o estudo, o que garante uma melhor saúde física e mental são as relações pessoais. Segundo George Vaillant, diretor do estudo,[3] todos os dados obtidos podem ser resumidos em apenas cinco palavras: "Felicidade é amor. Ponto-final". Ele ainda completou: "Mas, ao longo desses setenta e seis anos, nosso estudo mostrou que as pessoas que passam bem são aquelas que se apoiam em relacionamentos: seja com a família, com amigos ou a comunidade".

Mesmo que seu casamento não seja dos melhores, se você transformar seus amigos em sua família ou buscar se associar com membros da sua comunidade, poderá encontrar muita felicidade.

Quando sua família é sua pior inimiga

Nem todas as famílias conseguem viver de forma harmoniosa ou tampouco afetuosa. Muitos são os motivos que criam tais condições negativas. Abusos de todas as formas – verbais, físicos, sexuais. Uma vida regada aos vícios, drogas e bebidas. Abandono, traições, brigas e discussões sem "motivo aparente", casais que se unem sem amor, filhos nascidos de relações tempestuosas, violentas ou até mesmo por interesse econômico acima do amor pelos filhos. Tudo isso pode minar a felicidade da família e afetar profundamente a psicologia de todos que dela fazem parte.

Nada acontece por acaso. Cada membro de uma família é integrante de uma gigantesca constelação. Cada ser humano vem ao mundo para aprender certas situações e encontrar o seu lugar único

---

3. Disponível em: <https://www.megacurioso.com.br/estilo-de-vida/107115-estudo-de-80-anos-de-harvard-descobre-o-real-motivo-da-felicidade.html>. Acesso em: 10 abr. 2019.

no planeta. Por pior que tenham sido os relacionamentos, por mais trágicas que tenham sido as festas de Natal, os aniversários sem a presença de pessoas importantes, apesar de todas essas coisas, é fundamental perdoar. Só o perdão pode nos libertar daqueles que nos fizeram algum mal, permitindo-nos seguir em frente e mudar a nossa história do presente para o futuro.

Agradeça do fundo do seu coração pelo fato de você existir – e se não fossem seus pais e avós, você não estaria aqui. Contudo, há momentos em que o melhor a ser feito é seguir sozinho para evitar brigas, tristezas, rancores. Siga seu caminho, encontre a sua felicidade, faça sua própria família superando os erros que a sua cometeu.

. . . .

> "Um pedaço de pão comido em paz
> é melhor do que um banquete
> comido com ansiedade."
>
> *Esopo*

. . . .

Como investir tempo de qualidade

Para podermos investir tempo de qualidade, vamos precisar trabalhar com três fatores principais: 1) organização do tempo; 2) criatividade; 3) comprometimento.

Organizar o tempo será necessário para que você possa planejar-se melhor, evitar desperdícios, aproveitar os momentos com a família, focar nas suas metas, ser mais produtivo e priorizar o equilíbrio como forma de se dedicar a tudo aquilo que é importante.

A criatividade é fundamental para que todas as oportunidades sejam bem aproveitadas. É preciso saber otimizar o tempo, ou seja, planejar atividades em comum com a família (sem se esquecer de passar tempo de qualidade sozinho), desenvolver hobbies, praticar esportes ou serviços comunitários em conjunto. Crie oportunidades de convívio harmonioso nas horas das refeições, das quais devem participar avós, tios e irmãos. Nos momentos de deslocamento para algum passeio, aproveite para conversar, contar histórias edificantes. Ouça seus familiares com plena atenção. Discuta assuntos de interesses de todos, como as metas individuais de cada um, fale sobre o dia deles, ou planeje uma viagem nas férias. Cantem, torçam juntos para algum time ou atleta. Arrumem a casa de forma divertida (sim, é possível). Existem muitas maneiras de se divertir independentemente de dinheiro.

Uma boa dica de leitura em família são os livros de Gary Chapman, nos quais ele ensina sobre as cinco linguagens do amor: palavras de afirmação, atos de serviço, tempo de qualidade, toque físico e receber presentes. Essas formas de demonstrar e aceitar o amor serão fundamentais para que o tempo seja vivido com qualidade dentro das relações humanas e familiares. Vale muito a pena!

O comprometimento é muito mais importante do que se imagina, pois se trata de cumprir o planejado na sua gestão do tempo e inventado por sua criatividade. Sem o compromisso de colocar os planos em ação, apesar das dificuldades, tudo ficará no mesmo lugar. Primeiramente, mude; depois, comprometa-se com toda a sua família e peça a colaboração e o comprometimento deles também.

Desligue a televisão e converse com todos juntos ao menos três vezes por semana. Participe das atividades de seus filhos, irmãos e cônjuges. Aliás, não se esqueça de que é importante o casal ter tempo para namorar, ter momentos de afeto, jantares românticos aleatórios, não só para comemorar datas especiais.

Brinque com seus filhos e leve-os a passeios. Inclusive, vá com sua esposa ou marido a eventos de que gostem. Ajude as crianças com o dever de casa e o cônjuge com algum trabalho. Utilize a linguagem de amor que seus familiares falam. Se eles precisam do toque físico, abrace-os, beije-os. Elogie-os quando necessitam de palavras de afirmação. Dê-lhes presentes, ainda que sejam simples.

Visite os parentes que não vê há muito tempo. E, acima de tudo, reserve um tempo de qualidade na sua vida para você. Se fizer isso, sua felicidade estará garantida até seus últimos dias na Terra.

Exercícios para melhorar a gestão do tempo

1. Leia os livros e participe dos cursos dos autores Christian Rodrigues Barbosa e Alexandre Rodrigues Barbosa: *A tríade do tempo* e *Construa seus sonhos*.

2. Seja criativo junto à sua família. Pergunte a eles o que podem fazer para que todos aproveitem melhor o tempo, como podem viver os momentos com mais atenção, intensidade e qualidade.

3. Marque um compromisso com seus familiares e amigos e faça acontecer. Quando estiver no evento programado, desligue o celular e esteja 100% presente de corpo, mente, alma e coração com aqueles que você ama.

4. Evite ambientes em que não se sinta bem. Fuja de relacionamentos abusivos e amigos que não são verdadeiros. Foque o seu tempo com em quem realmente vale a pena.

10º Elimine de sua vida pessoas negativas e falsas

"Um amigo falso e maldoso é mais temível que um animal selvagem; o animal pode ferir seu corpo, mas um falso amigo irá ferir sua alma."
Buda

Quando éramos crianças, nossa avó sempre dizia o velho ditado: "Dize-me com quem andas e te direi quem tu és". Costumávamos retrucá-la, afirmando que tínhamos muita responsabilidade e não faríamos nada de errado, porque ninguém podia nos persuadir a nada. E ela estava correta: as pessoas que escolhemos como amigas ou companheiras nos influenciam muito mais do que podemos imaginar.

Tudo acontece de maneira sutil, inconsciente. Quando nos damos conta, estamos muito mais parecidos com aqueles com quem convivemos do que gostaríamos de assumir. E temos de ser gratos se conseguimos perceber isso. Há pessoas que não enxergam o quanto mudaram e por que têm certas atitudes e reações. Muitas vezes, copiamos até mesmos os gostos, as modulações na forma de falar e as tendências de se vestir daqueles que consideramos amigos.

Da mesma maneira que absorvemos o que é negativo, também podemos assimilar aspectos positivos. Bons amigos podem realmente nos ajudar a desenvolver uma personalidade agradável e a adquirir valores, bem como aprimorar nossa cultura e nosso aprendizado.

Somos seres magnéticos, e não se trata apenas de figura de linguagem, pois nosso cérebro e coração geram campos eletromagnéticos. A tão falada lei da atração é um princípio que permeia a existência humana; é física e, assim como a gravidade, estamos sujeitos às suas regras.

Buscamos a companhia de outras pessoas porque somos seres sociais e aprendemos que estar em sociedade garante nossa sobrevivência. É inevitável, portanto, exercer atração sobre os outros, senti-los. Saber viver, então, é fazer uso dos relacionamentos. Para muitos, a verdadeira felicidade é ter amigos bons e leais.

Um dos maiores ensinamentos da vida é escolher bem aqueles que chamamos de amigos, saber quem são nossos inimigos e reconhecer as pessoas destrutivas, falsas e mentirosas, as quais podem ser mais letais que as víboras, pois se disfarçam e nos apunhalam quando menos esperamos. Elas se revelam no momento certo, e cedo ou tarde as adversidades mostrarão quem são os que apenas querem o nosso mal.

E não se iluda! Muitos nos invejam, são egoístas e se aproximam apenas para roubar nossa energia e nossa luz. Em igual medida, há aqueles que são bem-intencionados, mas possuem uma negatividade tão forte, um mau humor e pessimismo tão profundos, que sua simples presença torna o ambiente pesado e carregado.

Indivíduos negativos, mentirosos, invejosos e falsos devem ser eliminados de nossa convivência, pois nos contaminam, prejudicam nossa imagem e reputação ou influenciam nosso estado emocional. Se não acredita, experimente compartilhar com esse tipo de pessoa um projeto seu, com todo o entusiasmo. Um balde de água fria na sua motivação será uma amostra do que você vai receber. O pessimista o olhará e pensará: "É um tolo". Para ele, nada pode dar certo; fingirá que concorda, mas espalhará sua ideia com desprezo e zombaria. O mal-humorado, por sua vez, vai olhar você com impaciência; o invejoso torcerá contra e comparará sua ideia com a de outros na tentativa de desmerecer sua criatividade, não suportando nem mesmo o brilho dos seus olhos.

Se você já passou por isso, sabe o quanto nossa moral e autoestima podem ser influenciadas por essas energias. Mesmo se for uma pessoa positiva, com forte poder de persuasão, alto-astral e disposição, você ficará exausto se tiver de combater todos esses ataques. Essa é a razão de os sábios se afastarem de pessoas e lugares assim.

Se a sua missão na Terra for levar luz a essas almas, então, com seu exemplo e sua energia, ensine-as como agir; entretanto, não se esqueça de que as pessoas escolhem ser como são. Muitas mantêm as mesmas atitudes exatamente porque não querem sair de sua zona de conforto nem passar pelo processo de mudança interna, fazendo uso das energias negativas para chamar atenção. Inclusive, tenha cuidado com membros de sua família, pois também podem sofrer do mesmo mal. Não os julgue, porém, pois cada um teve experiências que contribuíram para formar tais comportamentos e todos têm seu próprio tempo para refletir e desejar mudar.

O melhor a fazer é se afastar sem criar problemas, evitar a proximidade e, caso seja inevitável o contato, diminuir o tempo que passa ao lado de alguém negativo. Proteja sua luz e seus sonhos; não os conte a ninguém que não compartilhe do mesmo nível de energia. Assim como nas guerras, um único guerreiro pode elevar o moral de uma tropa inteira ou quebrar completamente o ânimo de um exército.

Como reconhecer uma pessoa negativa

Traçar um perfil de um indivíduo negativo não tem a finalidade de criticar ou julgar, mas, sim de defesa. Quanto antes o reconhecermos, poderemos evitar o convívio e amenizar o mal que ele pode nos causar. Para fazer essa identificação, o leitor pode ter como base as dicas a seguir.

1. Está sempre de mau humor. Não sorri, nem com as melhores piadas, porque tudo é motivo para fechar a cara. Só de olhar para alguém assim, você já sente um misto de compaixão, tristeza ou, em alguns casos, raiva. Para não se contaminar, é melhor deixá-lo com suas próprias emoções. Se não tiver a missão de fazê-lo sorrir, retire-se. Que cada um descubra por si a positividade. É possível ajudar essa pessoa, porém sem perder a paz e o equilíbrio.
2. É pessimista. Recusa-se a reconhecer o lado positivo das coisas, quase nunca diz palavras de ânimo e motivação. Tem medo de ousar, se esconde sempre em uma ilusão de segurança, alegando que está onde está e não progride porque mudanças podem dar errado. O maior erro que comete é não tentar. O pessimista é alguém sem alegria ou, em muitos casos, sem autoconfiança e coragem.
3. É fofoqueiro (e sente prazer nisso). Não tem comprometimento com a verdade e acredita que, caluniando e difamando, será superior aos outros. Não possui justiça, bondade ou senso de utilidade no que espalha. Quer gozar de efêmeros momentos de fama, sendo o centro da atenção ao espalhar fofocas.
4. É invejoso. Compara-se constantemente aos outros e, quando não consegue se sentir igual ou melhor, deseja-lhes o mal. Olha de soslaio.

5. É vitimista. Acredita que sofre opressão, maus-tratos, arbitrariedades, discriminação ou injustiças. Isso o impede de crescer, permanecendo estagnado na vida, porque jamais assume a responsabilidade pelos seus erros. É o eterno coitadinho, que buscará simpatia pelas suas dores. A culpa sempre é dos outros.
6. É falso. Esconde suas verdadeiras intenções, nunca expõe o que pensa de verdade. É adulador e bajulador por natureza. Jamais revela de que lado está e é oportunista, pois sempre muda de posição de acordo com a situação.
7. É arrogante. Trata bem apenas as pessoas de poder e riqueza, humilhando e maltratando quem é simples e humilde. Sente-se superior e raramente assume que pode estar errado. Torna-se agressivo e impertinente.
8. É inseguro. Enaltece apenas suas fraquezas e tem uma imagem inferior e negativa de si. Qualquer crítica que vise seu autoaperfeiçoamento é encarada como uma ofensa. Em geral, não as suporta e se entristece por qualquer motivo. Abate-se facilmente, desiste ao deparar com os menores obstáculos.
9. Reclama de tudo – e nisso é especialista. Nada é bom ou é o suficiente. Encontra defeito em tudo, é extremista e cobra dos outros uma perfeição que nem de longe consegue demonstrar.
10. Está sempre sofrendo com dores, com o passado, com o futuro. Parece que criou o estilo musical conhecido como "sofrência". Chega a criar problemas quando se esgotam os antigos.
11. É intolerante. Sua visão é fundamentalista e extremista. Muitas vezes é racista, preconceituoso e fanático. É incapaz de perdoar, geralmente é vingativo, guarda mágoas e rancor. Acredita que nunca erra, mas, quando isso acontece, jamais consegue se perdoar.

12. Por via das dúvidas, vale a pena evitar pessoas que também sejam controladoras, dominadoras, ciumentas, paranoicas, gananciosas, mesquinhas e avarentas, covardes, possessivas, agressivas e deselegantes.

Bem, se você achou que a lista é pequena, ótimo. Faça a sua relação de indivíduos de quem deve se afastar ou evitar. E lembre-se de jamais ser como eles; assim, seu exemplo será como uma estrela-guia para aqueles que quiserem melhorar. Se você conseguir ter compaixão por essas pessoas, ajude-as no que for possível, mas afaste-se caso elas não queiram mudar. Você verá o quanto o seu nível de felicidade aumentará.

....

> "Dizem a verdade aqueles que afirmam que as más companhias conduzem os homens à forca."
>
> *Maquiavel*

....

11º Escolha bem seus amigos e mantenha-os sempre perto

> *"Não há solidão mais triste do que a do homem sem amizades.*
> *A falta de amigos faz o mundo parecer um deserto."*
> FRANCIS BACON

O ser humano é uma das poucas espécies que se isolam por vontade própria. A maioria busca o equilíbrio perfeito entre os momentos de privacidade e socialização. Na natureza há incontáveis exemplos de que os animais não se mantêm em comunidade apenas por questões de sobrevivência, mas porque estabelecem laços afetivos e de amizade. É o caso de muitos cães que, se perdem seus donos, deixam de comer e definham até a morte. A perda de um é sentida por todo o bando.

O que seria da vida sem as amizades? Quem não se comove em ver animais tornando-se amigos, mesmo de espécies diferentes? Um grupo de estudos publicado no jornal *Social and Personality Psychology Compass* [Bússola da Psicologia Social e de Personalidade][4] sugere que a amizade é condição essencial para a felicidade. De

---

4. Disponível em: <https://awebic.com/humor/segredos-ser-feliz/>. Acesso em: 20 abr. 2019.

acordo com eles, a solidão pode prejudicar o bom funcionamento mental, a qualidade de sono, o bem-estar, e aumentar os riscos de doença e morte.

É bem verdade que a solidão também pode ser um caminho para a reflexão. Nela podemos encontrar nosso verdadeiro eu, nossas falhas, amores, valores, importância, fé, dúvidas, certezas. Todos os grandes personagens da história, pensadores, religiosos, místicos, heróis, guerreiros e amantes tiveram que enfrentar a solidão. A solidão é uma passagem para reencontrar as mais estimadas memórias; um meio seguro de rever amigos valiosos, aqueles que estão sempre em nosso pensamento e nas melhores lembranças. No entanto, não ter alguém com quem contar é o verdadeiro vazio da alma.

Um ser humano que não sabe fazer e manter amizades, fracassa em uma das mais importantes lições da vida. Amigos são o melhor reflexo de nós mesmos; com eles, nunca nos sentiremos sozinhos, mesmo se vivermos solitários no mais hostil dos desertos.

O mais agradável de se ter amigos é que podemos escolhê-los. Não há como dizer que são as circunstâncias que os trazem até nós; de uma forma ou de outra, os atraímos ou os repelimos com atitudes, crenças e valores. Quando somos crianças e vamos para a escola, não há como escolher onde estudar. Lá encontramos outras crianças com quem fazemos amizade ou não. Somos mais seletivos na adolescência – interesses e gostos em comum passam a moldar o tipo de pessoa à qual nos aproximamos –, período no qual temos pouca tolerância com aqueles que pensam diferente de nós e, por isso, com os quais não queremos conviver.

Na fase adulta, nossos amigos verdadeiros permanecem. Não importa o lugar onde os tenhamos conhecido – jardim de infância, ensino médio, faculdade, trabalho –, carregamos memórias e laços de amizade. E aprendemos a conviver com aquelas pessoas que são apenas colegas.

As adversidades da vida nos ajudam a selecionar os amigos verdadeiros. Nesse caso, é importante a qualidade, e não a quantidade.

Saber viver bem é saber escolher e conhecer quem podemos chamar de amigos, de inimigos, e de quem precisaremos nos afastar. Como ensina o velho provérbio: "Prefira os inimigos fortes aos amigos podres".

. . . .

> "Para conhecermos os amigos é necessário
> passar pelo sucesso e pela desgraça.
> No sucesso, verificamos a quantidade e,
> na desgraça, a qualidade."
>
> *Confúcio*

. . . .

O sucesso, a fama, a riqueza e o talento que conquistamos contribuem para que nossos amigos verdadeiros se juntem a nós e os inimigos se revelem. Estes últimos é importante ter, pois isso significa que seus valores são nobres. Um homem perguntou a Buda se ele deveria ser amado por todos. O sábio, então, respondeu que ele deveria ser amado pelos bons e odiado pelos ruins. Se estivesse no caminho da sabedoria, seguindo os princípios mais elevados, inevitavelmente seria combatido pelos ignorantes e pelos homens que escolhiam ser guiados pelas más condutas.

Não estamos sugerindo que você saia criando inimizades. O que queremos dizer é que todas as pessoas verdadeiras e fiéis a crenças e valores éticos acabam eventualmente lidando com adversários. Nossos maiores inimigos estão em nossa consciência: são os temores, as fraquezas, os descontroles, o orgulho e o ego inferior que carregamos.

A ausência de oponentes pode significar que ainda não desenvolvemos nosso pleno potencial. Talvez ainda não tenhamos descoberto nossa missão de vida, e sejamos medíocres, com medo de brilhar para não incomodar os outros. Nem sempre podemos escolher nossos inimigos – alguns simplesmente atacam aquilo que representamos e conquistamos por inveja, ganância, mesquinhez ou mediocridade. Devemos seguir em frente, se possível, amando-os, como aconselhou Jesus.

....

"Os nossos inimigos contribuem mais do que se pensa para o nosso aperfeiçoamento moral. Eles são os historiadores dos nossos erros, vícios e imperfeições."

Marquês de Maricá

....

Os diferentes tipos de amigos

Um grande amigo sempre diz que, na vida, não são necessários mais do que quatro amigos, porque apenas quatro pessoas seguram cada alça do caixão. De fato, basta um para chorar no ombro; um para dividir as alegrias e os sucessos; outro para aconselhar e dizer verdades; por fim, um para acompanhar os trabalhos, as lutas e seguir você por onde for.

Todos nós temos diferentes tipos de amigos. Há aqueles que são as melhores companhias para divertimento e riso. Costumam nos alegrar quando estamos tristes e se animam com nossas conquistas. São sempre festivos e bem-humorados, contagiantes. Defendem-nos quando falam mal de nós pelas costas, amam as nossas qualidades e toleram nossos defeitos.

Por outro lado, precisamos de amigos que enxuguem nossas lágrimas e estejam presentes nos momentos de dificuldade e doença. São os mais silenciosos quando erramos. Geralmente, nós os procuramos quando precisamos chorar, porque sabemos que não irão prejudicar nossa melhora. Eles oferecem compreensão, e podemos contar com eles de olhos fechados e dividir nossos segredos.

Há também os amigos sábios, conselheiros por excelência, que demonstram amor falando as verdades que só quem ama ousa dizer, mesmo sabendo que podem ser odiados por isso. Esta é sua maneira de cuidar de nós: puxam nossas orelhas, ficam bravos, nos corrigem, nos melhoram e nunca desistem de nós. Eles nos guiam e mostram os caminhos do dever, do certo e da sabedoria.

Outros amigos nos acompanham nos piores momentos e são capazes de lutar e sofrer por nós. Estão sempre com disposição e alegria para ajudar, sem se importar com a distância nem com o tempo, pois nunca nos abandonam.

Existem os que são mais irmãos do que amigos e mais amigos do que os irmãos. Em geral, têm características de cada tipo e os consideramos parte da nossa família. São solidários, duradouros, ajudantes e verdadeiros mentores.

Independentemente do tipo de amizade que tenha, para equilíbrio e felicidade, é preciso dedicar tempo a todos eles, mantê-los perto e estar disponível quando precisarem de você.

Exercícios para desenvolver boas amizades

1. Faça uma lista dos seus melhores amigos, escolhendo os verdadeiros. Escreva para eles, mostrando o quanto os valoriza. Lembre-os de momentos que passaram juntos, dizendo-lhes o que você mais aprendeu com cada um. E dê um adeus silencioso aos que se mostraram falsos.

2. O que você tem feito para os seus amigos? Quando foi a última vez que confortou algum, ajudou, aconselhou? Há quanto tempo não os vê? Que tal marcar um encontro para colocarem a conversa em dia? Programe algo, faça acontecer. A vida é curta

demais para não priorizar os amigos, que são essenciais para nosso equilíbrio e felicidade!

3. Apesar dos invejosos, falsos e inimigos declarados, procure sempre fazer novas amizades. Liste pessoas que você gostaria de conhecer melhor.

4. Procure compreender e entender seus inimigos. Enumere possíveis razões que explicariam por que seus adversários fazem mal a você. Será que não é possível transformar velhos inimigos em novos amigos? Busque descobrir com quem você deveria ter cuidado.

12º Organize bem seu tempo para ter equilíbrio e resultados

> *"Com organização e tempo, acha-se o segredo de fazer tudo e bem-feito."*
> PITÁGORAS

O que você faria se pudesse ter todo o tempo do mundo, ou se simplesmente tivesse o poder de pará-lo? E se conseguisse aumentar o número de horas no seu dia? Que tarefas ou coisas iria aproveitar para realizar? Acredita que poderia ser mais feliz assim?

O tempo é uma constante em nossa vida. Cedo ou tarde nos damos conta de que temos de lidar com ele. Muitos passam a vida inteira sem saber os seus segredos. Reclamam de tudo o que poderiam ter feito e não fizeram, querendo um pouco mais de areia na ampulheta para viver mais. Outros entendem que o tempo só é senhor daqueles que não sabem governar a si mesmos. E o primeiro passo para uma vida plena, feliz e equilibrada é fazer as pazes com ele, torná-lo um aliado e desvendar seus mistérios. O que para alguns é mistério, para outros se chama organização.

Os gregos tinham três palavras para se referirem ao tempo, *chronos*, *kairós* e *aión*. A primeira se relacionava ao tempo cronológico, medido de forma linear e dividido entre meses, dias, anos, horas e segundos do relógio; a segunda representava os momentos oportunos, vividos com qualidade; a última era utilizada para designar "o que é para sempre", um período longo ou a eternidade. O mais interessante é que podemos vivenciar esses três tipos de tempo.

Albert Einstein dizia que o tempo é uma ilusão persistente, o qual nossa consciência pensa e sente de maneiras diferentes. Há momentos em que tudo parece devagar, como se em câmera lenta – por exemplo, durante uma situação de perigo. Em outros, temos a impressão de contemplar a eternidade – muitos os relatam tal qual um êxtase espiritual. Há o tempo do relógio, que pode ou não nos oprimir (dependendo de como nos organizamos), e o cronológico, que cobra, julga, nos envelhece e é finito.

Talvez, no futuro, seja possível parar o tempo, ampliar nossa capacidade de produção e viver a eternidade, assim como nossas células podem viver para sempre. Até que isso aconteça, precisamos aprender a lidar com o agora, coordenar nossas demandas com o que nos traz equilíbrio.

Costumamos dizer que tudo pode ser feito, e muito bem, se soubermos administrar o tempo, que já foi organizado em dias, semanas, meses. O que nos falta é ordenar a mente por meio de uma metodologia capaz de gerenciar nossos desejos e necessidades, isto é, organizar nossas ações no tempo disponível. Vamos definir a lista do que deve ser feito, priorizar o mais importante e eliminar o circunstancial. Vamos pensar o trabalho de maneira eficaz e produtiva, otimizando nossa atuação para fazer mais em menos tempo. Vamos alcançar o equilíbrio.

Alcançar equilíbrio na gestão pessoal do tempo é poder desempenhar todos os nossos papéis importantes; conseguir trabalhar e realizar as nossas demandas e ir para casa na hora certa para ficar com a família; poder cuidar do corpo; dedicar tempo para estudos e autoaperfeiçoamento; descansar e nos divertir. Equilibrar o tempo entre as diversas áreas da vida nos ajuda a ter energia e felicidade.

Fazer refeições rápidas e sem tranquilidade é uma característica de desequilíbrio. Quando bem alimentados, somos capazes de realizar nosso trabalho, o que comprova que mente e corpo saudáveis têm mais energia e vitalidade para sentir e controlar as próprias ações. O coração e o emocional equilibrados são o resultado de tempo dedicado à família e para si mesmo; porque estamos felizes e satisfeitos, fazemos sempre mais e melhor.

A falta de organização nos faz perder tempo e foco. O segredo, porém, está em saber planejar e, depois, seguir uma sequência lógica e ordenada, a qual deve estar alinhada a metas e projetos. Só assim alcançaremos resultados.

E o que entendemos como resultados na gestão pessoal do tempo? A eficaz execução das demandas no tempo destinado, a conquista das metas pessoais e profissionais, o bom cumprimento dos prazos e a responsabilidade em cumprir a agenda. Bons resultados não necessariamente estão relacionados à aquisição de bens materiais ou dinheiro, ainda que o sucesso financeiro seja uma consequência deles. Toda ação gera uma consequência, e a de uma péssima gestão do tempo é não dar conta das demandas, assim como sofrer com estresse, doenças físicas e depressão.

Os efeitos de uma boa gestão do tempo são a sensação de felicidade e satisfação por alcançar as metas e realizar o trabalho, planejando e evitando urgências; cumprir papéis importantes; conviver com a família; e cuidar de si. Este é o segredo: aprender a organizar a mente, ordenar as prioridades e usar o tempo para alcançar o equilíbrio com resultados satisfatórios. Que tal investir seu tempo a fim de geri-lo? Feito isso, aplique o método no seu dia a dia – não se esqueça de manter um comportamento assertivo e objetivo. Assim, você terá resultados e será produtivo.

Quando o tempo é bem vivido e administrado, temos a consciência do que fazemos; as vinte e quatro horas do dia podem, sim, ser suficientes. Não sabemos quão longa será nossa vida, mas algumas escolhas podem prolongá-la, como praticar exercícios, viver os relacionamentos com qualidade, sermos adeptos de uma boa alimentação. Portanto, não queira que seu dia tenha mais horas se você continuar sem saber o que fazer com esse tempo. Aproveite bem os momentos que surgirem sem perder um único instante de eternidade.

....

> "Os que não sabem aproveitar
> o tempo dissipam o seu,
> e fazem perder o alheio."
>
> *Marquês de Maricá*

....

12 etapas para melhorar sua gestão pessoal do tempo

1ª Classifique suas atividades de acordo com a Tríade do Tempo

A matriz do tempo define e classifica nossas atividades, ajudando-nos a selecionar o que precisamos fazer primeiro, o que é realmente necessário, o que pode ser eliminado e o que pode ser delegado. O conceito da tríade divide nossas ações e nosso tempo em três esferas: importante, urgente e circunstancial.

A esfera da importância compreende as atividades que trazem resultados a curto, médio e longo prazos. São ações, tarefas, compromissos que nos proporcionam satisfação e estão alinhadas com nossas metas e missão de vida. O importante tem prazo a ser feito. A esfera da urgência diz respeito aos imprevistos, situações não planejadas, gerando estresse e pressão. A esfera circunstancial é sinônimo de perda de tempo, pois abrange as ações, atividades ou situações das quais não conseguimos nos desvencilhar, causando-nos frustração, ansiedade e culpa.

Por meio dessa classificação, eliminamos ou diminuímos os ladrões de tempo, bem como temos uma noção mais objetiva de sermos ou não produtivos. Quanto mais entendermos a matriz, mais resultados teremos. Nosso objetivo é aumentar a esfera da importância, diminuir as urgências e eliminar ao máximo as circunstâncias.

2ª Defina suas metas pessoais e profissionais

Quem não possui metas tem maior probabilidade de perder tempo com aquilo que é circunstancial. Aliás, isso é sinônimo de não ser senhor do próprio destino. Se a pessoa não sabe para onde vai, o que quer e o que não quer, qualquer coisa serve. A vida é feita de sonhos, os quais devem ser transformados em objetivos – só assim nosso tempo começa fazer sentido e ter significado. Metas nos auxiliam a direcionar nossa energia e ações para um propósito. Defini-las, sejam pessoais ou profissionais, nos impulsionam a ter mais foco, determinação, entusiasmo, energia e assertividade; nos motivam no trabalho e unem nossa família.

No trabalho, quais são seus principais propósitos e os da sua equipe? Escreva-os. Se você for um gestor, garanta que cada pessoa de sua equipe tenha objetivos claros e definidos.

Quais são suas metas pessoais e familiares? Escreva-as em sua agenda e faça as outras pessoas envolvidas também as visualizarem constantemente. Incentive-as a delinear as próprias metas.

Evite, porém, ter diversas metas ao mesmo tempo. É melhor realizar uma por vez, e bem-feita, do que se perder na tentativa de concretizar muito em pouco tempo. Aprenda a ser um realizador de metas para, aos poucos, ir aumentando o número delas por ano. O ideal é que você defina oito objetivos por ano no máximo. Seja realista.

3ª Planeje sua lista de atividades e meça o tempo de cada uma

O planejamento é uma ferramenta que auxilia na organização de quais ações serão necessárias para que as metas sejam alcançadas, além de ser extremamente útil para diminuir as urgências, eliminar o circunstancial e focar no que é importante. Planejar nos ajuda a reduzir os riscos e erros; nos fornece a visão de um caminho mais seguro para chegarmos a um resultado pretendido. Um bom planejamento deve ser revisto sempre, portanto seja flexível. Planejar é antecipar, pensar no que pode dar errado e criar planos de contingência caso o pior aconteça, preparando-se para o que é inevitável, sem surpresas.

É comum as pessoas não terem o hábito de se planejar, deixando tudo para a última hora. Contudo, não é produtivo esperar os erros ocorrerem, pois "quem falha em planejar, planeja falhar". Uma dica importante é ter o hábito de organizar o roteiro da semana. Tenha anotado na sua agenda (e fazer uso de uma é muito eficaz) tudo o que precisa realizar. Preencha as atividades dos próximos três a quatro dias; se conseguir de todos, melhor.

Faça uma lista com suas demandas e a coloque na agenda. Utilizar uma ferramenta de gestão pessoal como o Neotriad ajuda a controlar suas tarefas e a medir quanto do seu dia precisa estar livre para lidar com eventuais urgências. Você pode estipular um tempo aproximado de execução para cada item; assim, fica mais fácil ter uma noção do quanto consegue realizar. A célebre frase "se eu não posso medir, não consigo realizar" é um dos fundamentos de uma boa gestão pessoal do tempo.

4ª Equilibre o tempo para viver a vida com intensidade e qualidade

Pensar no equilíbrio do tempo deve ser semelhante a equilibrar-se em uma corda. Se colocar muito peso de um lado, irá tombar. Da mesma maneira, se dedicar muito tempo apenas a um lado da vida ou um único papel que desempenha, os outros ficarão debilitados. Defina quais são seus papéis e o que significam para você. Qual a importância deles? Pense no que faz durante seus dias e meses e dê um nome a esse papel. Isso ajuda a visualizar o quanto tem dado atenção a ele, o que tem feito e o que pode fazer para satisfazer esse personagem.

Defina um horário regular para se dedicar a cada um. Por exemplo, seu papel de estudante pode ter uma dedicação semanal de uma hora por dia. O segredo desse equilíbrio é estar 100% do tempo presente na atividade programada. Se tiver de estudar, então viva esse tempo com qualidade e intensidade.

5ª Tenha foco e concentração

Tentar fazer tudo de uma vez é o passo para o fracasso da produtividade. Como diria Peter Drucker, o segredo de quem faz várias coisas ao mesmo tempo é fazer uma coisa de cada vez.

Manter a atenção por muito tempo em uma mesma atividade não é tarefa fácil, por isso é importante ter momentos de descanso. Evite a multitarefa, concentre-se em apenas um trabalho; caso precise interromper o que estava fazendo, retome a ação depois. Foco é concentração da atenção em um único ponto; evita distrações e mantém a energia na mesma ação até que ela esteja terminada.

Se for possível, selecione os locais nos quais você se concentra melhor, seja em casa ou na empresa. Defina horários em que estará menos propenso a perder o foco para trabalhar naquilo que exige mais de sua energia. Afaste-se de tudo o que possa distraí-lo. Controle a mente e as emoções; o cérebro é treinado para focar, mas também pode aprender a desfocar. Tudo é uma questão de hábito.

6ª Saiba dizer não

Quando nosso tempo é desperdiçado ou mal utilizado, há uma grande chance de não estarmos sabendo dizer não. Negar é uma escolha e serve para que não façamos aquilo que não tem importância; é a peça fundamental para evitar que o circunstancial entre em nossa vida. Se nos pedirem para fazermos coisas que para nós não têm utilidade, ou se nos chamarem para eventos que não sejam interessantes, devemos dizer não.

Diga não quando não quiser fazer algo e se sua consciência assim mandar. Saiba fazê-lo de forma educada, porém assertiva; imponha limites e tenha clareza do que quer ou não fazer. Diga não quando não puder assumir algum compromisso; caso contrário, sempre reclamará da vida e da falta de tempo.

7ª Priorize

O ato de priorizar é colocar algo em primeiro lugar. Muitos têm suas listas de prioridades, que acabam contendo até quarenta itens! Essa é a razão de se perderem com elas.

Para elaborar uma lista eficaz de prioridades, estipule uma ordem numérica de realização de tarefas, a qual deve ser seguida à risca. Ou seja, a de número um tem de ser, de fato, a primeira a ser cumprida. E uma dica importante: reveja-a sempre. Vamos imaginar que você tenha indicado dez itens na sua lista de ações, porém mais um surgiu. Isso é não é problema. Basta organizá-los novamente por nova ordem de importância.

8ª Delegue

O ato de delegar nos abre espaço na agenda para focarmos naquilo que somente nós podemos ou temos de fazer. Esse hábito é desconhecido e não muito comum, por isso há quem centralize tanto as tarefas que, inevitavelmente, fica sem tempo e exausto ao final do dia.

Delegar é confiar nas outras pessoas. Se o fazemos de forma clara, explicando como queremos que o trabalho seja executado e definindo o prazo de entrega, podemos realizar muito mais. Além disso, proporciona envolvimento da equipe, que, quando realiza algo que foi lhe delegado e recebe um elogio sincero e verdadeiro, sente-se motivada e propensa a ajudar. O ser humano sente-se bem ao receber o justo reconhecimento de seu talento e trabalho.

Não se esqueça de algo muito importante: o *feedback*. Acompanhe o andamento da tarefa delegada e sempre esteja disponível para responder a dúvidas ou mostrar uma maneira mais eficaz de cumprir a tarefa.

9ª Evite interrupções

As interrupções podem ser cruéis com nossa concentração, pois demoramos a retomar uma tarefa pausada, o que nos faz perder tempo. Existem interrupções desnecessárias que podemos evitar. Devemos desligar o celular, não ler os e-mails, fechar a porta da sala nos momentos em que precisamos de foco e atenção. Se ainda assim elas acontecerem, temos de dizer não, mostrar que precisamos nos concentrar e que, por isso, seria melhor agendar um horário para conversar com tranquilidade.

Ensine sua equipe ou as pessoas da sua família quais são os momentos em que você vai estar disponível para atendê-los; tenha horários específicos e peça que sejam respeitados. Estipule os eventos extraordinários que justificam interrupções fora do permitido: por exemplo, se o presidente do País quiser falar com você, se alguém lhe der uma grande soma em dinheiro, se um meteoro estiver em direção a Terra e a destruição for iminente, se sua mulher quiser falar com você sobre um assunto muito importante.

10ª Organize as informações

Somos bombardeados por um volume nunca visto de informações: textos, artigos científicos, matérias interessantes, *posts* em redes sociais, senhas do banco, dos cartões, entre outras. Se não soubermos onde e como armazenar esses dados, vamos perder muito tempo procurando-os.

Organize arquivos no seu computador em pastas nomeadas e categorizadas. Faça o mesmo com seus papéis, sejam contratos, documentos, escritos etc. Ordene-os por assunto e categoria em caixas, armários e gavetas para poder recuperar com maior velocidade aquilo de que precisa.

A taxonomia é muito interessante nesse caso. É uma maneira de classificar, categorizar e organizar suas informações, ajudando-o a se lembrar de forma eficaz os locais onde guardou determinado arquivo. Crie o mapa da sua taxonomia: liste as áreas principais da sua vida com macroassuntos; depois, enumere as subcategorias associadas. Para tanto, você pode fazer uso de mapas mentais.

11ª Seja assertivo

De nada adiantará saber as etapas para uma boa gestão pessoal e conhecer a fundo o método de gestão do tempo se você não aplicar os conceitos no seu dia a dia. Da mesma forma, se não mudar suas atitudes e seus comportamentos, não conseguirá fazer uso das técnicas. É necessário, portanto, ser proativo e assertivo, o que significa que você vai começar a ser prático, objetivo e decidido, dizendo (com tato e diplomacia) que sua vida agora está sob seu controle e sua direção. A partir de hoje, você sabe o que quer e aonde quer chegar, por isso todas as suas ações estão alinhadas com suas metas e o tempo é o fator essencial para que consiga seus resultados. Sua comunicação é clara, você consegue expor seus pontos de vista de forma autoconfiante sem ofender ou desrespeitar os outros, mas, devido a isso, também sabe dizer não e priorizar suas ações.

12ª Termine o que começou

De que serviria a organização do tempo senão para terminar as coisas que começamos? Se você seguiu todas as etapas até aqui, com certeza conseguirá concluir tudo o que se dispôs a fazer, pois sabe quais são suas metas, é assertivo, planeja, equilibra para ter disposição, motivação e energia, é proativo e responsável. Aprendeu a esquivar-se das interrupções e a poupar tempo, evitando circunstâncias. Também conseguiu focar e priorizar suas ações. Dessa maneira, não há por que não terminar as coisas que começou. Afinal, como afirmou Pitágoras, "com organização e tempo, acha-se o segredo de fazer tudo e bem-feito".

. . . .

> "As pessoas comuns se preocupam
> apenas em passar o tempo.
> As que têm talento, em utilizá-lo."
>
> Arthur Schopenhauer

. . . .

13º Estabeleça o ritmo ideal para sua vida

"Escalar colinas difíceis requer um ritmo lento no início."
WILLIAM SHAKESPEARE

Outro aprendizado muito importante para gerenciar bem o tempo, atingir equilíbrio na vida e ser mais feliz é saber manter o ritmo. Você sabe como estabelecer o seu ritmo ideal?

O leitor deve conhecer pessoas que adoram correr, que praticam essa atividade nas ruas, em maratonas, na praia ou nas esteiras ergométricas. Há também os que preferem caminhadas leves ou longas, difíceis, que requerem esforço, ou então os adeptos das trilhas. No entanto, com certeza, o número daqueles que não querem nem saber de correr ou caminhar é provavelmente bem maior.

Há quem diga que começar a correr é difícil, entretanto, depois de iniciado o hábito, torna-se uma espécie de necessidade do corpo, da mente e até da alma. Um amigo participa quase todos os anos da Corrida de São Silvestre; outro, a cada quatro anos, percorre o caminho de Santiago de Compostela. Ambos afirmam que vão continuar até não conseguirem mais.

Nosso corpo sempre sofre nas primeiras semanas ou meses de exercício físico; depois que se acostuma, porém, começa a sentir falta. Aqueles que são submetidos a um treinamento gradativo e não forçam sua capacidade notam aumento no ritmo e na velocidade.

A maioria das pessoas que não gosta nem de caminhadas nem de corridas provavelmente teve alguma experiência ruim na condução do seu treinamento e condicionamento. A atividade física moderada é altamente benéfica para a saúde, e todos os corpos gostam de se movimentar. Talvez esta seja uma boa oportunidade para fazer as pazes com sua atividade física – quem sabe dar uma nova chance para uma boa caminhada?

A vida moderna, a velocidade das informações e a agitação profissional criaram corredores desesperados, aflitos, que não sentem prazer porque vivem de maneira caótica e cansativa. Estão sempre perdendo tempo e, portanto, precisam correr atrás do tempo perdido. O problema deles é se cansar rápido demais. Não curtem a paisagem, não sentem o vento no rosto nem conseguem respirar direito. Quando chegam ao destino, percebem que, apesar da correria, estão atrasados; perderam o ritmo.

Cada pessoa tem seu próprio ritmo de vida, ditado por suas experiências infantis, pelo ambiente em que foram criadas, suas escolhas ou omissões, porém muitas desconhecem seu interior. Não andam em harmonia nem no compasso certo – dois conceitos que podem ser aprendidos com a música.

Leigos no conhecimento musical tendem a confundir e misturar as noções de ritmo, velocidade e andamento. A vida também é composta delas, além da melodia e da harmonia. Quem nunca ouviu a música "Gita", de Raul Seixas? Ela foi inspirada no *Bhagavad Gita*, um dos mais belos textos da cultura hindu, e significa "canção do bem-aventurado". A vida é uma canção. Se é bela ou não, é você quem decide, cuja melodia escolhe e cujo rimo determina.

O ritmo, por sua vez, é a pulsação da música e, apesar de causar confusão, não tem a ver com a velocidade; pode ser tocado rápida ou lentamente. Na teoria musical, isso se chama andamento. Mesmo aqueles que nunca tiveram contato com essa área, com certeza, apreciam vários ritmos musicais. Basta notar que toda música possui uma batida praticamente constante, que sempre se repete: é o ritmo.

Os leigos não são os únicos a sentirem dificuldade em entender esses conceitos. Estudantes de música também sofrem até compreenderem. Para que fique claro, podemos associar o ritmo às palavras constância ou constante. O coração tem seu próprio ritmo porque ele pulsa em um determinado padrão de forma constante. Ritmo está, portanto, relacionado à pulsação repetida e imutável.

Manter o ritmo é fundamental para que possamos realizar nossos projetos, terminar o que começamos e chegar ao final de uma jornada com a sensação de bem-estar, apesar do esforço empenhado. Você já parou para pensar sobre a relação do ritmo com o sucesso na vida?

Cinco dicas para utilizar o ritmo e a velocidade a seu favor

1ª Identifique o ritmo da sua vida

Se você pudesse ilustrar o seu ritmo atual, ele seria parecido com o de qual tipo de música? Rock, valsa, samba, blues, clássica? É a alternância das batidas, mais fortes ou fracas, que permite identificarmos um ritmo musical. Pesquise e ouça cada um dos principais estilos musicais, atente-se para o seu e escolha qual deles mais se harmoniza com você. Perceba como seu coração reage ao ouvir as músicas. Depois, reconheça qual deles seria o melhor para tocar a sua vida. O segredo está em ouvir e tentar acompanhar.

2ª *Identifique qual a sua velocidade ideal*

Como já vimos, o ritmo está relacionado a velocidade ou andamento, apesar de haver clara distinção entre os dois. Imagine que você vai correr três quilômetros por dia, três vezes na semana – este será seu ritmo. Caso corra os três quilômetros em quarenta e cinco minutos, esta será sua velocidade – e lembre-se de estabelecer aquela que consiga manter constantemente. Se correr mais do que aguenta, perderá o ritmo e a velocidade, acabando por fazer menos do que se propôs, certo?

O mesmo serve para suas leituras, seus estudos, seus projetos, seu trabalho etc. Se você redige textos, em qual velocidade os escreve? Se produz trabalhos manuais, a velocidade com que os finaliza está boa para você? Lembre-se de que o mercado também dita seus ritmos, e sua velocidade também será um fator de sucesso e bem-estar físico, mental e emocional. Não corra se não souber – muitas vezes, a tartaruga que anda devagar, mas mantendo seu ritmo e sua velocidade, acaba ganhando da lebre.

3ª *Comece devagar; suba de forma gradativa*

Toda jornada tem início com um simples passo. O mais importante é melhorar sempre. Portanto, não se preocupe se os outros têm um ritmo diferente do seu, e não tente imitar a velocidade deles. Siga a sua canção, saiba aonde quer chegar e mantenha sua evolução constante. No entanto, procure acelerar de vez em quando, superando os próprios limites. Alterar os ritmos também é uma maneira de dançar conforme a música. A vida seria muito monótona se só houvesse um tipo de batida, não é mesmo?

4ª *Aprenda a respirar*

Respirar é um ato mecânico que repetimos desde o momento em que saímos do ventre de nossa mãe. Não deveria, por isso, exigir de nós muita atenção, mas guarda alguns próprios segredos importantes. A chave da diminuição do estresse, da melhoria do raciocínio e até mesmo de problemas digestivos se encontra na respiração; por isso, aprendamos a respirar. Se, em uma corrida, não controlarmos a respiração, nos cansaremos mais.

Ao longo do dia, passamos por muitas situações de estresse ou perigo. Aqueles que se saem melhor delas tornam a respiração consciente e aprendem a controlá-la. Ioga e meditação nos ensinam a controlar a respiração e a termos consciência dela. Procure, nos próximos eventos estressantes pelos quais passar, reparar na sua respiração. Cantores, oradores e atletas só são considerados bons quando aprendem a respirar. Assim como o coração, a respiração também tem um ritmo e vários métodos. Encontre o mais adequado a você.

5ª Observe e sinta um pouco mais a música

Por que observar e sentir mais a música? Porque ela é composta de três elementos essenciais que fazem falta na vida das pessoas: ritmo, harmonia e melodia. Quando você, de forma consciente, presta mais atenção a uma boa música, começa a interiorizar esses conceitos. Confúcio, o filósofo chinês, aconselhava os imperadores a ouvirem as melodias tocadas pelos músicos das cidades, porque refletiam o que estava se passando na mente de seus cidadãos. A música cria padrões em nossas células, relaxa, motiva, empolga e alegra; além disso, pode alterar padrões emocionais. Por todas essas razões, precisamos ouvir boas músicas e associá-las às nossas energias interiores. A melhor forma de aprender sobre ritmo é dançando conforme a música, sem jamais esquecer que você é quem pode escolher qual tipo é melhor para sua vida.

A imensa dificuldade de se compreender a diferença e a relação entre ritmo e andamento é causada, em grande parte, pela deficiência da nossa educação. Os antigos gregos acreditavam que um homem, para ser bem formado, precisava aprender música. Todos os heróis gregos aprenderam música. Uma das inteligências múltiplas é a inteligência musical, que, devido ao nosso sistema educacional tão falho e medíocre, estamos deixando de exercitar. Contudo, o que nos impede hoje de aprendermos um pouco mais sobre os ritmos da vida? Toda a natureza dança no seu ritmo, portanto dance, cante ou toque e faça da sua vida uma bela canção.

....

"Adote o ritmo da natureza.
O segredo dela é a paciência."

Ralph Waldo Emerson

....

14º Descubra seu maior talento e desenvolva-o ainda mais

"O autêntico, o verdadeiro grande talento descobre as suas maiores alegrias na realização."
JOHANN WOLFGANG VON GOETHE

O que você faria se descobrisse um pote de ouro? Isso resolveria muitos dos seus problemas? Conseguiria trazer um pouco de felicidade? E quando as moedas se acabassem?

Nas lendas e nos contos há tesouros que se escondem nas entrelinhas e nas metáforas. Se as ouvirmos com o coração, nos dirão mais do que mostra a superfície. No entanto, é preciso estar atento – saber onde e o que procurar. Nossa mente absorve muito melhor as parábolas e histórias do que mensagens ditas de forma direta. Às vezes, estamos sentados em uma mina de ouro e não conseguimos perceber.

Na Antiguidade, a palavra "talento" se remetia a uma medida monetária ou de peso que poderia equivaler até 50 quilos de ouro. A relação com seu significado atual é perfeita: quando descobrimos e desenvolvemos o talento, passamos a valer mais do que nosso próprio peso em ouro.

Dom não é igual a talento; existe uma pequena diferença. O dom é graça, é dádiva, algo com o qual nascemos e temos facilidade para desenvolver. Alguns têm o dom da oratória; outros, do canto, da escultura ou da matemática. Eles são muitos, mas naturais, florescem de forma rápida, impressionante e sem muito esforço. É algo que nos foi dado – por Deus, uns creem; outros, genética afortunada.

Talento, por sua vez, é um potencial que precisa ser aprimorado, trabalhado, desenvolvido com afinco e disciplina. Podemos até ter uma inclinação para determinada habilidade, mas precisaremos nos esforçar para aprimorá-la. Alguns têm talento para cantar, mas precisam aprender modulação, ritmo e, por isso, fazem aulas de canto. Dizem que Mario Lanza, o famoso tenor americano, quando foi aprender em um conservatório, impressionou de tal forma sua professora que ela disse que sua voz era um dom. Quando alguém nos impressiona assim dizemos: "Nossa, você tem o dom, hein!". Quando nos entusiasmamos, mas percebemos que alguém ainda precisa melhorar para chegar à maestria, comentamos: "Nossa, você tem talento! Continue que vai longe".

Ao descobrirmos nosso talento, fazemos dele nossa paixão e profissão, alcançando a vocação. Quem usa seus talentos e deles desfruta chega ao sucesso mais rapidamente; sente-se mais alegre, reconhecido e realizado; e caminha para a felicidade quando ajuda os outros com o que aprendeu a valorizar, com o que trabalhou com persistência e determinação até se tornar um talento valioso. É uma enorme alegria realizar nosso maior talento.

O segredo dos talentos é que precisam ser descobertos, desenvolvidos e colocados em ação; caso contrário, nós os perdemos e, assim, nosso pote de ouro desaparece diante dos nosso olhos. Muitos nem se dão conta dele. Há quem acredite não possuir nenhum talento, o que não é verdade, pois todos têm potencial para alguma atividade. O que difere os talentosos dos não talentosos é que os primeiros buscaram, depois insistiram em fortalecer sua aptidão, até que ela se tornasse cada vez mais natural e fácil. Quanto mais trabalhamos em nosso talento, mais talentosos ficamos.

Quando uma pessoa desenvolve seu talento ao ponto máximo da perfeição, pelo trabalho árduo, transforma-o em dom. Este, portanto, também pode ser fruto de um talento aprimorado ao ponto da maestria.

No entanto, é preciso ter cuidado. Se deixado de lado, o dom pode ser perdido. É como ensina a parábola bíblica em Mateus 25:14-30: aquele que multiplicou os talentos que o seu senhor lhe deu para que guardasse recebeu ainda mais, e o servo que o enterrou sem fazer nada teve seu talento tirado e entregue ao que sabia como multiplicá-lo.

O tempo não para e não volta atrás. Precisamos utilizá-lo bem para descobrir nosso maior talento, desenvolvê-lo, trabalhá-lo, multiplicá-lo e usá-lo para nosso proveito e para nossa felicidade, ou a fim de que seja útil aos outros. Assim, teremos um inesgotável pote de ouro ao fim de cada dia chuvoso, sem jamais nos esqueceremos de que, após a chuva, sempre brilha o sol.

. . . .

"Não esconda os seus talentos.
Para o uso eles foram feitos.
O que é um relógio de sol na sombra?"

Benjamin Franklin

. . . .

Nas histórias irlandesas, sempre há alguém que consegue a muito custo encontrar e prender um *leprechaun*, mas acaba sendo enganado pelo duende, que acaba fugindo. Se a pessoa não desiste da busca, encontra-o mais uma vez e o prende, mas só pode fazer uma única pergunta ou um único pedido a ele. Ela tem que saber o que perguntar. Se em vez de respostas quiser ouro, deve pedir ao duende que o leve diretamente ao pote.

Assim é em nossa vida. Primeiro, temos de "capturar o *leprechaun*", ou seja, olhar atentamente para dentro de nós mesmos. Quais são nossas paixões, nossos interesses? Do que gostamos? O que nos traz alegria? Que qualidades pessoais podem ser consideradas talentos? Tato em lidar com pessoas, persuasão, criatividade, liderança, trabalhos manuais, oratória, desenho...

Como vimos, um talento não é necessariamente algo que fazemos com muita facilidade. Vamos imaginar que um indivíduo se interesse por esculturas, até sinta paixão, mas não possua nenhuma facilidade ou prática com elas. Começa a tentar fazer algumas, contudo parece que não tem talento. Se tiver muita vontade e amor por isso, com persistência, crença, desenvolvimento e trabalho, conseguirá se tornar um escultor. O que também pode ocorrer é a pessoa enveredar por algo que se sinta mais confortável em fazer ou que realize com mais facilidade. O importante não é a tarefa ser considerada fácil. É amar. É querer criar, por meio da força de vontade, o talento e as oportunidades. Uma vez que o descobrimos ou decidimos desenvolvê-lo, precisamos segurar o duende bem firme para que ele não escape. É necessário investir tempo, energia, aprendizado e muitas vezes dinheiro. Se deixarmos o desânimo ou as dificuldades nos abaterem, ele foge e se esconde de novo, até que o encontremos e tenhamos a coragem de ir com ele a uma viagem pelo arco-íris da vida. A luz, então, brilha e vemos o pote de ouro, que, uma vez conquistado, nunca esgota suas moedas. O ouro simboliza a conquista de nossos desejos e sonhos. Alguém talentoso, que usa seu talento para servir e ser útil, sempre terá riquezas e felicidade. Há, porém, um segredo nas lendas: se o ouro não for usado para fazer as pessoas felizes, o duende pode não o entregar, pois é um ser bondoso que admira aqueles que possuem sentimentos de amor e de generosidade.

Uma parte da nossa felicidade só será alcançada quando usarmos nossos talentos para o bem e ajudarmos os outros a também descobrirem e desenvolverem seus próprios talentos.

> "Existe algo muito mais escasso,
> fino e raro que o talento. É o talento
> para reconhecer os talentosos."
>
> *Elbert Hubbard*

Exercícios para encontrar seu pote de ouro

1. Faça uma lista com os talentos que você acredita que tenha. Crie uma escala de facilidade, ou seja: para qual deles você sente uma inclinação natural? Qual é mais fácil de ser utilizado, desenvolvido ou trabalhado? Qual você ama e por qual se interessa mais? Em qual deles você estaria disposto a investir tempo, energia e dinheiro? Dentre eles, qual é o que mostra mais aptidão? Há algum talento que você não possua, mas queira desenvolver? A força de vontade cria as oportunidades, o pote de ouro revela os sonhos que temos e nos dá a força para alcançá-los.

2. Comece a ver o talento das pessoas com quem você convive. Diga para elas o que enxerga. Procure estimulá-las a desenvolverem-no e o utilizarem. Peça para aqueles que o conhecem bem apontarem algum talento que você tenha. Ouça com o coração: às vezes, os outros conseguem ver em nós o que não enxergamos ou acreditamos.

3. Planeje o desenvolvimento do seu talento. Comece como se fosse um hobby. Leia e pesquise tudo que puder sobre ele. Agende cursos ou workshops relacionados a ele. Persista, melhore a cada vez. Sinta a alegria em utilizá-lo.

4. Saia na chuva e se molhe. O arco-íris só aparece depois da chuva. Abra seus olhos para perceber a beleza que emana deles. Tenha coragem de começar a usar o seu talento. Faça a viagem do autoconhecimento e saiba o que perguntar e o que pedir quando encontrar o seu duende interior.

15º Encontre um trabalho que você ame de verdade

"Que a beleza do que você ama seja o que você faz."
Rumi

Você ama o seu trabalho? Essa pergunta tem de ser respondida tão diretamente quanto a flechada do Cupido. O amor não faz rodeios. Ele nos arrebata ou nos derruba. A verdadeira beleza dele é render-se sem condições àquilo que se ama. É a mais irresistível das forças. Como diz o poeta Camões, "É querer estar preso por vontade/ é servir a quem vence, o vencedor".

E por que falar do amor quando todos os poetas já o fizeram? E por que não? Há ainda muito a ser dito e escrito pelos poetas. E eles não são apenas os que fazem poesia, mas todos os que transformam seu ofício em sua arte e, por consequência, sua arte em fonte de amor. Se passamos uma boa parte de nossa vida no trabalho, por que não falar de um trabalho de amor?

Em todas as empresas nas quais realizamos os treinamentos de gestão do tempo e produtividade da Triad, sempre fizemos questão de perguntar aos participantes se eles amavam o que faziam. A produtividade humana está intimamente relacionada a fazer o que se ama. À medida que sentimos satisfação e alegria no que realizamos, a produtividade aumenta. O tempo passa rápido e o cansaço demora a aparecer quando estamos envolvidos com alguma atividade prazerosa – e sempre queremos mais.

Você pode estar pensando que isso tudo parece maravilhoso na teoria, mas não funciona na realidade. Talvez diga: "Muita gente não consegue fazer o que ama, muito menos amar o que faz para sobreviver. Por isso, não há o que fazer". Com o perdão da franqueza, essa é uma forma covarde de encarar a própria vida. O que você precisa aprender de uma vez por todas é que o amor não é algo exclusivo dos poetas. Ele tem de ser uma realidade na vida, e passamos grande parte dela no trabalho – muitas vezes, mais duradouro do que um casamento!

Falamos sempre de amor nas empresas, mas acredita-se que é algo tão distante e difícil de se alcançar que as pessoas preferem se entregar ao comodismo a arriscar viverem um grande amor. E o segredo do sucesso é estar apaixonado pelo que faz e fará todos os dias.

O professor e consultor indiano Raj Sisodia disse em um evento que, no mundo, 72% das pessoas não gostam do próprio trabalho. Como se não bastasse, cerca de 18% a 20% estão "ativamente desengajadas" e têm interesse em prejudicar a própria empresa em que trabalham. Eis uma explicação apropriada de por que somos tão mal atendidos e por que nos aborrecemos tanto com os péssimos serviços prestados.

Não é de se espantar que, em quase todas as turmas com as quais tivemos a oportunidade e a alegria de falar sobre o método Triad, havia pessoas que odiavam o seu trabalho. Inclusive, em uma ocasião, uma participante disse que havia vinte e cinco anos detestava o que fazia, que já tentara explicar para a sua chefe que não conseguia ser produtiva por causa disso. Depois, ela perguntou o que precisava fazer: pedir as contas depois de tanto tempo ou esperar um pouco mais e se aposentar. Como alguém consegue desperdiçar vida e energia assim?

O que se deve fazer é aproveitar o tempo da melhor maneira possível. Ser inteligente em escolher, mas sempre escolher ser feliz com o que faz e onde decide estar. Sinceramente, se fôssemos nós, não esperaríamos um dia a mais: iríamos em busca daquilo que amamos. A experiência tem mostrado que os que abandonam tudo para irem atrás do que gostam, dos seus sonhos, conquistam mais riqueza, qualidade de vida, prazer, satisfação e até mesmo segurança.

Aconselhamos sempre se lembrar do poeta Rumi: "Esqueça segurança. / Viva onde você tem medo de viver. / Destrua sua reputação. / Seja notório". Todos que ousaram desafiar seus medos e romper com sua ilusão de segurança tornaram-se ilustres e notáveis. O maior problema é que as pessoas não sabem nem o que querem da vida ou, mesmo sabendo, não estabelecem metas nem se planejam para ir ao encontro do que almejam. O tempo vai passando e elas se acostumam à rotina; por essa razão, o trabalho, que deveria ser uma fonte de alegria, se torna uma tortura.

Trabalhar não é apenas uma necessidade financeira, mas da alma; é o resultado do processo evolutivo. No entanto, é necessário dar um significado diferente ao conceito de trabalho, cuja etimologia poucos conhecem. Essa palavra tem origem no latim *tripalium* ou *tripalus*, uma ferramenta que imobilizava cavalos e bois e usada como instrumento de tortura contra escravos e presos. *Labor* também significa trabalho árduo e demorado. Talvez por isso muitas pessoas associem trabalho a algo penoso. A literatura cristã descreve o trabalho como uma punição: o homem estava condenado a labutar para ganhar o pão de cada dia com o suor do rosto. *Travailler*, em francês, queria dizer "sentir dor, sofrer". O conceito do termo evoluiu até chegar à ideia de "trabalho duro".

A única maneira de darmos outro significado ao trabalho é por meio do amor. Certa vez, uma amiga disse que a frase do filósofo Confúcio "Escolha um trabalho que você ame e não terás que trabalhar um único dia em sua vida" estava equivocada, porque ela amava o que fazia, mas ocasionalmente sentia que era um sacrifício. No entanto ela não parecia conhecer o verdadeiro significado da palavra "sacrifício". Nosso pai sempre dizia que era um "sacro ofício". De fato, ela é originária de *sarcer* e *facete*, "sagrado" e "fazer" em latim. É interessante como desconhecemos a origem dos vocábulos e, com isso, perdemos a dimensão de conceitos importantes.

Depois de refletir um pouco, a amiga disse que estava confusa, não sabia então se amava ou não o trabalho. Havia dias em que ele era duro e outros em que a deixava contente. É normal nos sentirmos assim e termos tarefas mais chatas do que outras. Mesmo amando o que fazemos, podemos ter pequenas dores – faz parte da natureza do amor. Como diz o poeta Camões: "É ferida que dói, e não se sente;/ É um contentamento descontente;/ É dor que desatina sem doer./ É um não querer mais que bem querer;/ É um andar solitário entre a gente;/ É nunca contentar-se de contente".

Para alcançar o equilíbrio, é preciso balancear contraditórios até encontrar harmonia e tranquilidade. O que não podemos aceitar é uma constante e total insatisfação com nosso trabalho ou com o ambiente em que estamos. Repense as palavras que utiliza para falar do seu emprego e veja o significado que atribui a elas. Um sacrifício é mais do que uma privação, é uma escolha. Um trabalho que você ama pode ser árduo, mas gratificante. Como você tem se sentido com seu ofício? Se ele não colabora para sua evolução e felicidade, vá em busca do que faz seu coração bater mais forte. O coração é mais poderoso do que somos capazes de compreender.

E, caso esteja se referindo ao seu trabalho como um sacrifício, tente utilizar o verdadeiro significado da palavra. Afinal, todo trabalho feito com amor se torna algo sagrado para aquele que o faz. E só quem ama se sacrifica.

> "Se um sacrifício é uma tristeza para ti,
> e não uma alegria, então não o faças,
> não és digno dele."
>
> *Romain Rolland*

Se você não ama seu trabalho, acaba prejudicando a si mesmo, a empresa e todos que dependem de seus serviços; portanto, seja honesto. Além disso, a vida tem suas leis do retorno. Não dá para ser negligente, desengajado e querer que tratem você com consideração, porque uma pessoa que age assim não merece ser apreciada. Faça um favor à empresa, a você e àqueles ao seu redor: seja intenso, não seja morno. Ou você ama e procura o amor, ou usa o ódio com combustível para trabalhar mais, se preparar e fugir de uma prisão autoimposta. Use a raiva a seu favor, mas não permaneça com ela. Lembre-se do filme *Ben-Hur*: em uma cena, o protagonista rema com fúria nas galés em que havia sido feito prisioneiro, mas a busca pela liberdade e justiça o fortalecia.

Se você não ama o que faz, pode aprender a gostar; caso se acomode, será como um prisioneiro que se acostuma com o chicote, um escravo que se resigna aos seus senhores. Dentro de cada prisioneiro, porém, vive aceso o fogo da liberdade – liberdade para poder escolher se quer ficar e o que fazer, por isso só é possível amar de verdade se tivermos livre-arbítrio.

Por que, então, continuar com medo de alçar voo em direção ao que realmente ilumina os olhos? Pergunte ao seu coração qual é o melhor caminho a seguir. Não é um clichê: cientistas descobriram que o coração tem um complexo neural gerador de uma inteligência diferenciada, constituído de cerca de 40 mil neurônios. Portanto, é altamente intuitivo. Também descobriram que o campo elétrico do coração é cerca de 40 a 60 vezes superior ao gerado pelo cérebro. Ou seja, quando você está desanimado e insatisfeito, suas emoções prejudicam e afetam o seu redor.

Caso não esteja feliz com sua profissão, que tal começar a procurar ouvir o coração? A vida é curta demais para perder tempo com o que não gosta. E só amor é capaz de transformar um instante em uma eternidade.

• • • • • • • • • • • • • • • • •

> "Sua tarefa é descobrir o seu trabalho e, então, com todo o coração, dedicar-se a ele."
>
> *Buda*

• • • • • • • • • • • • • • • • •

Antes, porém, você precisa se perguntar o que faz seus olhos brilharem e seu coração bater mais rápido. Uma vez que descobrir o que ama, aproxime-se dele aos poucos, até que tenha coragem para voar. Estude, leia sobre aquilo que pretende fazer, entre em contato com essa atividade até que se sinta seguro. Não precisa ser uma utopia fazer o que se ama, pode ser a sua realidade e segurança. Muitas vezes a única coisa que está faltando é começar a procurar.

• • • • • • • • • • • • • • • • •

> "O que você procura está procurando você."
>
> *Rumi*

• • • • • • • • • • • • • • • • •

Exercícios para descobrir o verdadeiro amor

1. Você já conheceu uma pessoa que ame de verdade o que faz? Se não, encontre alguém assim. Já ouviu falar de quem abandonou tudo para trabalhar como ceramista, escultor, pintor ou esportista, ganhando muito mais do que quando vivia dentro de um escritório? Ou aqueles que hoje fazem o que amam e são muito mais felizes? Sim, essas pessoas existem e não é difícil encontrá-las. Reserve um tempo para conversar com elas. Pergunte sobre o trabalho que realizam e perceba como falam com amor e paixão sobre seu ofício. São detalhistas e não se incomodam de ter que explicar e contar suas histórias de vida. Muitas não são artistas ou profissionais liberais. Você também pode conversar com voluntários, empresários e empreendedores, até mesmo funcionários de fábrica, que encontraram um trabalho que amam de verdade. Aprenda com eles no nível do coração.

2. Responda com sinceridade às perguntas a seguir:
   - O que faz você trabalhar todos os dias?
   - Por que você escolheu seu emprego? O que o levou até ele? Era conveniente ou foi uma escolha baseada na sua vocação e talentos? Era algo que os outros aconselharam quando jovem?
   - Você está onde está por causa de quais benefícios? O quanto são relevantes para sua vida?
   - O que você realmente queria fazer?
   - Seu emprego é o trabalho que você escolheu para amar pelo resto da vida?
   - Se você não precisasse trabalhar, o que faria por puro prazer? **Atenção:** se trabalha apenas para pagar as contas, isso é um forte indício de que seu coração não está no que você faz. Apesar de o dinheiro ser fundamental, lembre-se de que ele não é

essencial para sua felicidade. Viver deve ser mais do que trabalhar para se sustentar.

3. Planeje suas finanças e organize seu tempo para começar a fazer cursos sobre a área de atuação que você encontrou como amor verdadeiro. Quanto mais estudamos sobre um assunto, mais familiar ele se torna e passamos a amá-lo ainda mais.

4. Fale com paixão do seu trabalho para todos que encontrar. Perceba como eles reagem – se o acharem louco, você está no caminho certo. Quanto mais se apaixonar pelo que faz e defender o seu amor, mais forte fica a sua certeza. Quem ama não se deixa abater pelas críticas dos outros, mas as usa para aumentar sua confiança no que diz seu coração.

16º Volte a ser criativo como as crianças

> *"Imaginar é o princípio da criação. Nós imaginamos o que desejamos, queremos o que imaginamos e, finalmente, criamos aquilo que queremos."*
> GEORGE BERNARD SHAW

Estamos tão pressionados com as rotinas da vida que raramente encontramos espaço para observar o que está ao nosso redor. Imagine se, de repente, em um instante de inspiração, você começasse a perceber que tudo o que vê é fruto da imaginação e criatividade de alguém. O sapato que está calçando, a roupa que está usando, a música que está ouvindo, os livros, os carros, as casas, as propagandas, as invenções, o celular, o prédio que sobe aos céus, o avião que passa ligeiro, as obras de arte, as ideias empreendedoras, até a comida. Como seria o mundo sem as pessoas criativas?

Imaginação e criatividade são motores que movem a humanidade. Fizeram do mundo o que ele é e continuarão a desenvolvê-lo. Todos nascem com o embrião de um grande gênio, mas ele precisa ser alimentado e defendido. Criar vem do coração; imaginar vem da mente. Portanto, criar e imaginar são o casamento perfeito entre a mente e o coração.

A criatividade e a imaginação não são apenas importantes para solucionar problemas, mas também para se levar uma vida alegre, produtiva, equilibrada e feliz. Sem elas, tudo parece triste, estressante, chato e sem graça.

Olhe para as crianças, veja como conseguem encontrar nas pequenas coisas um motivo para serem felizes, como transformam qualquer coisa em um castelo dos reinos encantados. Parece que vivem em um mundo totalmente à parte do nosso, em constante encanto. Será que são elas que estão fora da realidade ou nós que esquecemos como é bom viver no mundo das crianças? Será que existe algum ponto em comum entre uma criança e um gênio criativo? Será que o inventor, o artista, o compositor, o desenvolvedor de sistemas são diferentes de quem não é criativo?

Em algum ponto da vida, sofremos um duro choque de realidade. Nossa criança interior é obrigada a sair da Terra do Nunca, pois precisa crescer, trabalhar, se sustentar, "ver que a vida é dura e cruel". Na melhor das intenções, os adultos procuram "preparar" as crianças para o que vão encontrar, mas se esquecem de que, para desenharmos nosso futuro, devemos contar com a imaginação.

A criança, então, começa a desaprender como ser feliz, como ser criativa. Na verdade, porém, o segredo da plenitude é fazer tudo sem separar o amor do trabalho e do prazer. Alguém entendeu de forma errada que, para sobreviver, deve-se deixar de lado a imaginação e a criatividade; do contrário, seremos eternas crianças ou loucos. Talvez por isso não queremos parecer infantis. É feio ser um adulto que não cresceu. É loucura permanecer em um estado de constante imaginação.

Como disse William Shakespeare, contudo: "O louco, o amoroso e o poeta estão recheados de imaginação". Todo idealista, sonhador, inventor e líder que pisou na Terra foi chamado de maluco por aqueles que desconheciam o segredo da criação. Depois, suas "loucuras" tornaram-se grandes e admiráveis.

Seria a loucura um ato desesperado de recorrer à imaginação? Possivelmente, uma forma de recriar alegrias perdidas? Afinal, o que é ser louco em um mundo que despreza e destrói de forma consciente tudo o que pode nos fazer felizes? Você já percebeu como o louco vive feliz em seu mundo? Em *Como fazer amigos e influenciar pessoas*, Dale Carnegie descreve uma conversa que teve com o médico-chefe de um dos mais importantes hospitais psiquiátricos dos Estados Unidos. O renomado médico conta a história de uma mulher que teve uma vida repleta de infelicidade, mas que encontrou na loucura o que não teve na sanidade: "Se eu pudesse com minhas mãos restituir sua sanidade mental, não o faria. Ela é muito mais feliz assim como está".

Pessoas criativas e imaginativas são muito mais bem-humoradas, inteligentes, capazes, se perdem em seus pensamentos e encontram a intuição, se aproximam da alegria das crianças e entendem as razões dos ditos loucos. E se sentem bem em serem assim. O ser humano que consegue permanecer criativo carrega consigo toda a alegria e o poder da imaginação. E é a imaginação que cria a realidade.

O equilíbrio entre o adulto racional e responsável com a criança interior nos protege das crenças limitantes e das críticas destruidoras de criatividade. Se você está se sentindo menos criativo, não tem problema. É possível aprender a ser como as crianças. Assim como desaprendemos a ser criativos, podemos aprender de novo.

Os pesquisadores George Land e Beth Jarman fizeram uma pesquisa com 1.600 crianças nos Estados Unidos em 1968.

> No primeiro teste as crianças tinham entre 3 e 5 anos e 98% apresentaram alta criatividade; o mesmo grupo foi testado aos 10 anos e este percentual caiu para 30%; aos 15 anos, somente 12% mantiveram um alto índice de criatividade. Teste similar foi aplicado a mais de 200 mil adultos e somente 2% se mostraram altamente criativos.

O estudo se baseou nos testes usados pela NASA para seleção de cientistas e engenheiros inovadores.

No livro *Ponto de ruptura e transformação*, concluíram que aprendemos a ser não criativos.

Infelizmente, a sociedade em que vivemos destrói o nosso potencial com a "melhor das intenções". Muitas vezes e sem querer, nossa família é a que mais contribui para isso. Os bloqueios, as críticas e crenças limitantes que aceitamos nos afetam em um período da infância no qual não estamos preparados para nos defender. A escola, que deveria ser um lugar de pleno desenvolvimento, também não ajuda: não desenvolve métodos e sistemas de ensino que potencializem o uso de nossa criatividade. Na verdade, a falta de didática e do lúdico inibe e restringe nossa imaginação. A idade, portanto, não é o fator preponderante no declínio da criatividade.

A maior obra de ficção já criada e imaginada, *Dom Quixote de la Mancha*, foi publicada quando Miguel de Cervantes tinha 58 anos. O mais interessante é que ela fala de um velho que, de tanto ler as histórias de cavaleiros, decide vivê-las, sendo considerado louco por todos. No entanto, enquanto Dom Quixote vivia as maiores aventuras imaginadas, era o mais feliz dos homens. Ele definha e morre quando submetido ao choque da realidade. A imaginação fez de um envelhecido fidalgo um homem incansável, digno das maiores proezas já sonhadas. Isso porque a criatividade e a imaginação trazem felicidade, alegria, jovialidade e energia infatigáveis à nossa vida.

• • • • • • • • • • • • • • • • • •

"A imaginação tem todos os poderes:
ela faz a beleza, a justiça, e a felicidade,
que são os maiores poderes do mundo."

Blaise Pascal

• • • • • • • • • • • • • • • • • •

Características das pessoas criativas

A melhor maneira para reaprendermos a ser criativos é copiando os hábitos daqueles que estão sempre imaginando e criando coisas. Há certas características que podem ser reconhecidas nessas pessoas. Não que exista uma fórmula padrão para utilizar a criatividade, mesmo porque cada um a desenvolve à sua maneira e se adapta como melhor lhe convém. Por exemplo, é sabido que alguns artistas não costumam ter um horário rígido. A qualquer hora que se sintam "inspirados", começam seus trabalhos. Outros costumam ser mais disciplinados.

Alguns estudos sobre o assunto levantam pontos em comum. Carolyn Gregoire e Scott Barry Kaufman, no livro *Wired to Create: Unravelling the Mysteries of the Creative Mind* [Programados para criar: desvendando os mistérios da mente criativa], reconhecem a complexidade do tema, porém acreditam que o pensamento criativo é "uma característica estável e definidora em algumas personalidades, mas também pode mudar com base na situação e no contexto". Em um artigo publicado no *Huffpost*, destacam 18 coisas que as pessoas altamente criativas fazem:

1. Sonham acordadas.
2. São boas observadoras.
3. Elaboram seus próprios horários de trabalho.
4. Precisam de momentos de solidão.
5. Sabem aproveitar os obstáculos que a vida coloca em sua frente.
6. Buscam novas experiências.
7. Caem, mas levantam; são resilientes.
8. Fazem grandes perguntas; são curiosas.
9. Gostam de observar pessoas.
10. Se arriscam.
11. Enxergam em tudo uma possibilidade de expressão.

12. Seguem suas paixões verdadeiras.
13. Exploram outras formas de pensar e assumem o ponto de vista de outras pessoas.
14. Perdem a noção do tempo.
15. Rodeiam-se de beleza.
16. Sabem conectar os pontos.
17. Gostam de mudanças radicais.
18. Encontram tempo para meditar.

Na nossa busca pela criatividade, só acrescentaríamos à lista três tópicos: brincar; mergulhar na banheira, piscina ou no mar; ouvir música. E você, com quantos itens da lista se identificou? Há algum que você adote de forma diferente? Qual o seu caminho para ser criativo?

Carolyn Gregoire e Scott Barry Kaufman afirmam ainda que, para a neurociência, o processo criativo ainda é um mistério. Do ponto de vista da utilização dos hemisférios cerebrais, nada parece ser definitivo. Nas palavras da autora, "ainda não temos a imagem completa de como funciona a mente imaginativa".

A ciência ainda não sabe como funciona o processo da criatividade. Nem o processo interno da eletricidade. Tampouco sabe que sistema nervoso faz as plantas crescerem. Uma coisa parece acontecer sempre: há uma autoindução do ambiente que leva a um *insight*, uma revelação e um tipo de "profecia" de como algo vai funcionar no futuro. Isso se dá muito antes de acontecer. Ao menos, era assim que pensavam Thomas Edison e Einstein, como um filme interno que começa a se revelar na mente, mostrando a solução do problema ou inovando. A esse processo, costumamos chamar de imaginação. A imaginação seria, então, o princípio da criação.

Pessoas criativas percebem coisas muito além do que a maioria, são curiosas. A luz que se propaga pelo Universo incomodava Einstein. Ele não entendia como ela se comportava, e isso o levou à Teoria da Relatividade. O incômodo é um dos motivadores da criatividade. A namorada surda de Graham Bell o incomodou, por ela não poder ouvir sua declaração de amor. Ou seja, se alguma coisa no entorno não incomodar você, dificilmente será capaz de uma ação criativa. É preciso se incomodar como uma criança: sentir que o "não" é inválido, que sempre há uma solução. Caso contrário, não será capaz de enxergar o que há além da lógica, do lugar e do momento. O segredo da felicidade, portanto, está na imaginação. Volte a ser criança toda vez que precisar ser criativo.

....

"A felicidade não é um ideal da razão, mas, sim, da imaginação."

Immanuel Kant

....

Exercícios para estimular a criatividade

1. Faça uma lista do que lhe incomoda significativamente no seu ambiente, em um plano empresarial ou pessoal, em uma notícia, em algum serviço ou produto. Obrigue seu cérebro a começar a imaginar uma solução de conforto para o incômodo. É o que, na propaganda, chama-se de "síndrome da ostra".

2. Não aceite de você ou de outra pessoa pensamentos como "é difícil", "não vai dar certo", "um monte de gente já tentou", "não há solução para o problema". Quando agir assim, substitua imediatamente os pensamentos negativos ou limitantes por pensamentos otimistas.

3. Mesmo que não seja o seu estilo, procure ser irreverente. Não aceite o que já foi estabelecido pelas pessoas, pelo senso comum.

Desafie teorias. Desafie a você mesmo. Pergunte: por que não? E daí?

4. Quando tudo se complicar e começar a encontrar muita dificuldade em pensar de forma criativa, guarde os rascunhos na gaveta. Dê um tempo, vá fazer outra coisa. Você verá com outros olhos e seu raciocínio mudará quando distrair a mente por um tempo.

5. Mude sua *persona* diante das suas ideias pelo menos três vezes. Mude sua idade e sua formação. Crie outros "você" – pelo menos três personagens diferentes. Como um personagem da Disney faria isso? Como um relojoeiro arrumaria isso? Como um pintor executaria aquilo?

17º Veja tudo com novos olhos e encontre alguma novidade por semana

> *"Sinto-me nascido a cada momento.*
> *Para a eterna novidade do Mundo..."*
> FERNANDO PESSOA

O ser humano é ávido por novidades. Se pararmos para pensar quanta informação armazenamos em nosso cérebro, ficaríamos surpresos com nossa capacidade. Os cientistas estão sempre pesquisando e tentando descobrir coisas novas. A mente de um cientista, um jornalista, um estudante, uma criança e uma pessoa fofoqueira tem características muito semelhantes. Todos eles sentem prazer em descobrir algo que ninguém saiba e ainda mais em divulgar, e estão sempre com olhos atentos para perceberem algo imperceptível. Outro ponto marcante é que nunca param de explorar em busca de novidades.

A ciência acaba de descobrir que a memória tem muito mais capacidade do que se pensava. Na Califórnia, no Instituto Salk, uma equipe de pesquisadores, comandados pelo professor de neurobiologia computacional Terry Sejnowski, descobriu uma capacidade de armazenamento de cerca de 4,7 mil milhões de livros ou 670 milhões de páginas on-line.[5] Se usássemos nossa capacidade máxima, poderíamos acomodar um petabyte de informação. O estudo, como sempre, ainda não é definitivo, porque os tamanhos das sinapses mudam conforme a atividade dos neurônios aumenta. Ou seja, quanto maior o estímulo, maior nossa habilidade de guardar informações.

E como isso se relaciona com a felicidade?

Procurar coisas novas estimula a criatividade, faz o cérebro se exercitar ao criar conexões e associações, aumenta a memória e provoca prazer. O cérebro é uma máquina de identificar o que causa dor ou bem-estar. Essa é a forma que nosso sistema de preservação desenvolveu para nos lembrar do que pode ser bom ou prejudicial para nós. São as experiências supersignificativas que estimulam os centros cerebrais de prazer e gratificação. E a visão é o meio mais rápido para o cérebro captar estímulos, mas não é o único: a audição, o tato, o paladar e o olfato também são importantes.

Depois de processada, a informação recém-adquirida será catalogada, classificada e armazenada em alguma das regiões cerebrais que comandam a alegria. A ciência ainda está estudando as diferentes funções do cérebro, porém podemos afirmar que toda nova informação traz felicidade.

O professor de neuroestética no University College do Reino Unido Semir Zeki, especializado no cérebro visual e nas respostas afetivas desencadeadas por estímulos visuais, diz o seguinte: "Quando uma pessoa experimenta a beleza – uma paisagem, peça musical, na matemática, em um rosto, em um corpo – não importa a forma, é ativada a mesma parte do cérebro emocional".

De acordo com outro neurocientista, Morten Kringelbach, o cérebro tem uma forma de organizar em compartimentos nossas experiências: "Uma das coisas que descobrimos é que, quando se

---

5. Disponível em: <https://www.dn.pt/sociedade/interior/cerebro-humano-pode-armazenar-47-mil-milhoes-de-livros-4993584.html>. Acesso em: 10 abr. 2019.

trata de prazer, parece haver um santuário interno de regiões do cérebro que são unitárias".

Se o cérebro sente prazer com as novidades e com o novo, por que então algumas pessoas têm tanta dificuldade em mudar ou ver coisas de uma maneira diferente?

. . . .

> "Qualquer que seja a aparência
> da novidade, eu não mudo facilmente,
> com medo de perder com a troca."
>
> *Michel de Montaigne*

. . . .

O cérebro adora coisas novas na mesma medida em que precisa que as coisas permaneçam do jeito que estão. Parece contraditório, porém é uma forma de preservar as memórias depois de armazenadas e criar o sentimento de segurança. Como vimos, mudar é bom, porque nos obriga a enxergar o que não percebemos no dia a dia. Entretanto, garantias também são prazerosas. Se você mantém as ferramentas de casa sempre na mesma gaveta para poder usá-las quando necessário, isso traz praticidade. Se alguém as troca de lugar sem você saber, provavelmente você ficará muito nervoso ao perder tempo procurando-as. Assim o cérebro caminha entre o novo e o que deve ficar no seu "devido lugar".

Quando nos habituamos a ver sempre as mesmas coisas e a darmos o mesmo significado a elas, começamos a resistir às mudanças e, de certa forma, ficamos cegos a novas percepções. Isso por causa do juízo que fizemos no passado e das associações que criamos a partir da repetição de uma experiência. Conforme vivenciamos um evento diferentes vezes, associamos a ele emoções e ideias que se solidificam com o tempo. Assim, torna-se difícil enxergar o episódio de outra forma.

É preciso treinar o cérebro para quebrar o padrão e perceber coisas novas, procurar algum detalhe que a mente consciente ainda não tenha captado de um quadro ou paisagem, de uma situação ou acontecimento passado. Quantas vezes, ao viajarmos pelas mesmas estradas, notamos algo diferente quando focamos em outro ponto de vista?

É comum, ao mudarmos de posição no carro, observarmos detalhes que enquanto dirigíamos não havíamos percebido. Contudo, isso ainda se resume a ver o que você ainda não tinha notado. O que precisamos fazer é mudar como vemos e sentimos em relação àquelas coisas que acreditamos perceber da mesma maneira.

Notar algo novo renova um objeto conhecido e afia seu cérebro e sua visão. Aperfeiçoar o olhar é observar algo antes não visto e tornar a mente mais flexível. Aumenta o sentimento de gratificação e valorização do que já tem.

Um exemplo é a famosa história do poeta Olavo Bilac.[6] Dizem que um de seus amigos queria muito vender um sítio que dava trabalho e custava caro. O homem reclamava que não possuía sorte, só tinha dor de cabeça e não valia a pena manter a propriedade, por isso pediu ao poeta para redigir o anúncio de venda; assim, seria mais fácil vendê-la. Olavo Bilac conhecia muito bem o sítio do amigo e escreveu o seguinte texto:

> Vende-se encantadora propriedade onde cantam os pássaros, ao amanhecer, no extenso arvoredo. É cortada por cristalinas e refrescantes águas de um ribeiro. A casa, banhada pelo sol nascente, oferece a sombra tranquila das tardes, na varanda.

Meses depois, Bilac encontrou o seu amigo e perguntou-lhe se tinha vendido o sítio. O amigo disse que, depois de ler o anúncio, percebeu o quanto ele era maravilhoso. Conclusão? Só conseguiu valorizar o que tinha ao enxergar pelo olhar do outro.

---

6. Disponível em: <https://opoderdaleituracom.wordpress.com/2017/08/27/vende-se-olavo-bilac/>. Acesso em: 10 abr. 2019.

Troque, portanto, os óculos da sua visão interior. A forma como vemos o mundo depende exclusivamente de como estamos por dentro. E o conjunto de emoções, pensamentos e julgamentos sobre as coisas colabora para nossos estados emocionais de depressão, tristeza ou alegria. A famosa frase "A beleza está nos olhos de quem a vê" ilustra muito bem isso. Para alterarmos a maneira como enxergamos o nosso redor, precisamos primeiro modificarmos a nós mesmos. Se você ler o mesmo livro a cada cinco anos, a cada leitura perceberá algo novo. As páginas serão as mesmas, mas algo em você mudará a cada releitura.

Renovar seus olhos é também mudar a forma como você pensa sobre determinados assuntos. A mente se acostuma a fazer sempre o mesmo e a olhar tudo da mesma maneira. Você tem que treinar seu cérebro, exercitar a capacidade de estimulá-lo diariamente ao se deparar com novidades.

A visão é uma porta que dá acesso ao eu. Procure coisas bonitas e novas. Veja o mundo de maneira diferente, treine sua visão periférica e a capacidade de utilizar o zoom para enxergar detalhes. Faça o exercício de olhar uma paisagem no plano mais distante possível, depois foque em um ponto o mais minúsculo possível e observe uma formiga, como fazem as crianças.

Também utilize outros sentidos físicos de diferentes maneiras. Teste novas texturas e novos cheiros. Até mesmo a comida pode ser sentida de uma forma diversa. Ouça músicas de outros estilos e estimule o cérebro com novos padrões de ritmo e vibrações. Claro, respeite o seu gosto musical, não precisa ouvir o que não gosta, mas amplie o seu espectro de novidades. Você pode acabar descobrindo que também curte outros estilos musicais ao passo em que deixa a mente e as emoções mais tolerantes ao diferente.

Outra maneira de treinar o cérebro é por meio da leitura e dos estudos. Busque por informações estimulantes, daquele tipo que só de ouvir arregalam os olhos – coisas relevantes que possam contribuir para o seu bem-estar e satisfação pessoal, bem como aprendizado.

> "A verdadeira felicidade vem da alegria de atos bem-feitos, do sabor de criar coisas renovadas."
>
> *Antoine de Saint-Exupéry*

Exercícios para renovar a visão

1. Observe um quadro ou uma pintura qualquer. Descreva suas percepções. Gostou dela? Por quê? Não gostou? O que não lhe agradou e por quê? Veja o quadro, depois se afaste dele e escreva em um papel o maior número possível de detalhes que conseguir lembrar. Uma semana depois, repita a experiência. Estipule a meta de encontrar no mínimo três elementos diferentes que não havia notado cada vez que refizer o exercício. Por último, releia todas as suas percepções e cheque se os sentimentos e julgamentos mudaram.

2. Leia um texto que lhe agrade e outro sobre algum assunto que você não tenha muito interesse. Escreva o que percebeu ou entendeu de ambos. Não leia imediatamente o que escreveu. Uma semana depois, releia os textos e escreva suas percepções de novo. Espere mais uma semana e depois releia tudo o que escreveu. Cheque se sua perspectiva mudou, se conseguiu ver algum detalhe que não havia percebido. Por último, escreva o que mudou dentro de você para que seu ponto de vista mudasse.

3. Pegue emprestado outros olhos. Mostre para alguém em que você confia algo de que não gosta muito. Pode ser um móvel, um quadro, uma paisagem. Peça para essa pessoa descrever o que achou de mais interessante e bonito. Não faça julgamentos, apenas veja o que o outro percebe.

18º Descubra se você está sobrecarregado

*"Mais um ano que acaba. Como esconderei
dos meus pais o cabelo grisalho?"*
OCHI ETSUJIN

Não importa quantas tarefas você consegue realizar no dia, algo sempre deixará de ser feito. Sempre encontraremos o que fazer, quando nos dispomos a fazer alguma coisa. Nossas listas de afazeres não terminam. Faça o experimento: fique em casa em um fim de semana e pense em tudo o que precisa ser feito por lá. Duvido que você não encontre pelo menos dez coisas que precisam ser arrumadas. No trabalho acontece a mesma coisa. Se você trabalhar vinte horas por dia, ainda assim não conseguirá dar cabo de todas as tarefas que podem surgir. Algumas são importantes – outras, nem tanto.

O mesmo está acontecendo com as informações que recebemos. Somos bombardeados por novos e interessantes conteúdos constantemente. Alguns relevantes, outros engraçados, porém inúteis, e mal sabemos o que fazer com a maioria deles.

O volume de novos conhecimentos que se apresenta diante de nossos olhos ao simples contato com o celular, a televisão ou o grupo de WhatsApp é tão avassalador que causa desespero. Empresas como a Reuters chegam a postar cerca de 27 mil informações novas por dia. Diante de tantas fontes de informações, o mesmo fato se constata, e nos deixa confusos e sobrecarregados. A sensação que gera em nós é que não temos tempo de ver tudo. Uma síndrome de ansiedade, de querer e não poder conhecer tudo, se instala em nosso cérebro. E com isso vamos caminhando para a frustração, nos sentimos incompletos, despreparados e sobrecarregados. Tudo isso, aos poucos, contribui para problemas maiores como estresse, esgotamento e depressão. Muitos se cobram em demasia exigindo de si mesmos que devem saber e fazer de tudo, entretanto tal tentativa acaba por nos deixar ainda mais frustrados diante da total impossibilidade de absorver tamanha carga de informações.

No filme *Indiana Jones e a caveira de cristal*, o desejo da arqueóloga de saber tudo é realizado pelos seres alienígenas, contudo seu cérebro não é capaz de suportar o volume de conhecimento e acaba sendo literalmente derretido.

O problema não se limita apenas a você, ele é abrangente porque todas as pessoas do seu convívio também sofrem com essas cobranças internas e acabam passando essas frustrações ou tentando dividir com você essa suposta necessidade de saber de tudo, de conseguir fazer tudo. Daí vem a sobrecarga. Muitos não conseguem ter uma noção clara do que é estar sobrecarregado, porque nem sempre ela se resume ao volume e a uma quantidade de tarefas maior do que você consegue suportar ou realizar em tempo hábil. Há momentos que exigem de nós performances sobre-humanas e, o pior, esperam que consigamos fazer o impossível. Esse ciclo vicioso e prejudicial deve ser interrompido e ninguém a não ser você tem o poder de pará-lo.

A seguir o leitor terá algumas dicas para fazer um autodiagnóstico e descobrir se está sobrecarregado.

1. Cheque se você tem problemas de saúde físicos, emocionais e psíquicos

Essa é a parte mais abrangente e a mais fácil de perceber. Podemos enumerar algumas coisas que começam a acontecer que ou são resultado da sobrecarga ou serão suas causas. Dentre elas as mais comuns são:

a. Dores no corpo que aparecem sem motivo aparente, dores de cabeça, no estômago, nas costas e nos olhos, fadiga, falta de disposição e intestino preso.
b. Dificuldade para dormir e relaxar durante o sono. Também acontece de a pessoa dormir demais e perder a hora. O corpo sente que precisa de mais horas de sono para acumular a energia necessária para lidar com todas as tarefas. Há casos em que a insônia é constante e muitas vezes essa dificuldade é gerada pelo próprio indivíduo, que deixa de dormir no horário certo, uma vez que as suas preocupações o mantêm acordado a noite inteira.
c. Apetite desregulado e má alimentação. Quando a pessoa passa a frequentemente pular as refeições para dar prioridade às atividades do trabalho, o corpo começa a se desregular. Alimentação saudável é combustível para nossos neurônios e fibras musculares. Não deixe que os assuntos pendentes a serem resolvidos na empresa atrapalhem a sua boa alimentação. Coma frutas durante o dia, procure um nutricionista e monte uma dieta que possa se encaixar na sua rotina sem perder qualidade e tempo. Com a má alimentação começam a faltar importantes nutrientes dos quais o corpo precisa para ter disposição, o excesso de peso aparece e os problemas tendem a aumentar.
d. Problemas no sistema imunológico. Ficar gripado vez ou outra é normal, agora ficar gripado sempre ou ter dores

de cabeça constantes, náuseas e tontura a todo momento é sinal de que algo está errado com seu sistema de defesa corporal. Além dos fatores nutricionais, fatores psíquicos e emocionais colaboram para agravar o estado, devido ao estresse e à sobrecarga. Taquicardia e irritabilidade também surgem com a sobrecarga.

e. Problemas emocionais. Um sentimento de vazio e de que não há razão para viver começa a surgir. Muitos se sentem sozinhos apesar de conviverem diariamente com muitas pessoas e colegas de trabalho. Acreditam que não são reconhecidos pelo que fazem, estão sempre cansados de fazer tudo pelos outros e não receber nenhuma gratidão.

Procurar a ajuda de profissionais nas áreas de psicologia, nutrição e distúrbios do sono é recomendado mesmo que você acredite que não seja necessário. É sempre melhor se prevenir e evitar que o quadro se agrave. Não deixe o importante virar urgente.

A Síndrome de Burnout é uma disfunção caracterizada pelo esgotamento psicológico em virtude de atividades profissionais. É um nível elevado de estresse, provocado pela sensação de exaustão, diretamente ligado à sobrecarga de trabalho. Segundo pesquisa realizada pelo International Stress Management Association do Brasil (Isma-BR), no país, cerca de 30% das pessoas sofrem com o problema. A síndrome compartilha sinais e sintomas com a depressão (que é hoje a segunda maior causa de afastamento do trabalho), mas que se reúnem e se expressam de forma diversa, o que permite um diagnóstico diferencial. É importante tratar cada uma de forma diferente.

2. Avalie se você está tendo sentimentos de ineficácia e improdutividade

Não importa a quantidade de tarefas realizadas, o sentimento que permanece com você ao final de um dia árduo de trabalho é que você é ineficaz e improdutivo. Não há parâmetros e métricas claras que possam ajudá-lo? Comece por estabelecer seus parâmetros, eles são muito relativos. Leonardo da Vinci pintou 15 obras (reconhecidas, pode ser que existam mais); comparado a outros pintores que fizeram centenas, poderíamos dizer que ele era ineficaz ou improdutivo. Estabeleça o que é ser eficaz e produtivo levando em conta o eterno duelo entre quantidade e qualidade.

3. Você possui um trabalho de má qualidade ou é incapaz de realizar tudo

Você já não entrega mais seus trabalhos e tarefas com a mesma qualidade de antes, seu ritmo e velocidade diminuíram drasticamente e sua motivação e energia parecem ter sido minguadas. Isso é o resultado da má alimentação e dos sintomas físicos e mentais do esgotamento. Se você não dá atenção para a sua saúde, o seu corpo fica menos forte e preparado para aguentar o que você fazia. Com o tempo até o que era fácil e leve se tornará um martírio. Cuide de você para que possa ter uma performance de qualidade. Dê tempo para o repouso e diga não ao excesso de coisas inúteis, desligue celulares, televisão e internet de vez em quando. Curta a natureza, relaxe e recarregue suas baterias.

4. Você está cheio de cobranças e críticas, internas e externas

Você começa a se cobrar pelo que deveria ter feito no passado. É bom fazer essa reflexão para que possamos corrigir nossos rumos e escolhas do passado, a fim de alinhar as ações do futuro. Contudo, quando isso se torna uma crítica exacerbada e você começa a se martirizar ou imputar uma culpa gigantesca, está iniciando um processo de sobrecarregar seu corpo mental e emocionalmente. Cobrar e criticar a si mesmo pelo que deveria ter sido feito é perda de tempo; exigir que você saiba ou faça tudo é da mesma forma uma ideia irreal do que um ser humano é capaz. Muitas vezes essas cobranças vêm dos outros, que estabelecem para nós um padrão de perfeição frustrante. Isso pode ter começado de forma subliminar na nossa infância, ou no ambiente de trabalho, porque as pessoas têm a tendência a projetar nos outros as suas próprias frustrações. Às vezes é difícil reconhecer essas cobranças. Uma terapia ajuda a elucidar e tornar claro para nossa mente o que pode estar nos causando essas cobranças excessivas. De igual forma evite cobrar os outros de maneira excessiva e seja ponderado nas suas críticas.

5. Você precisa ser afastado ou desligado do trabalho

Por fim, se esses sintomas não forem diagnosticados e se estratégias não forem estabelecidas dentro e fora do trabalho para minimizar a sobrecarga, o principal resultado será o desligamento do profissional. Isso, além de causar falta de produtividade para a empresa, acabará gerando falta de mão de obra qualificada e ocorrerá um maior custo com treinamentos de novas pessoas.

19º Como melhorar o ambiente de trabalho

> *"Homens e mulheres desejam fazer um bom trabalho.*
> *Se lhe for dado o ambiente adequado, eles o farão."*
> BILL HEWLETT

Melhora física

A educadora, médica e criadora de um método de ensino altamente estimulante, Maria Montessori, dizia que o desenvolvimento da inteligência está totalmente ligado ao ambiente em que a criança é criada. Para ela, a força do ambiente é maior do que a força da genética, chegando a representar uma influência de até 80% no desenvolvimento das faculdades mentais e da aprendizagem. O ambiente não se restringe apenas ao espaço físico e a seus estímulos visuais, sinestésicos e sonoros, mas também às interações emocionais, mentais e até mesmo espirituais de todos os indivíduos que o compõe. Crianças que cresceram em casas onde os moradores falavam diariamente várias línguas aprenderam todas com maior facilidade e se tornaram fluentes em até sete idiomas.

Se você ensinar uma criança em uma sala vazia e sem estímulos visuais, sonoros ou cinestésicos, ela vai aprender muito menos e ser muito menos estimulada. Se, no entanto, a criança estiver sendo ensinada em um ambiente rico e agradável, onde possa ser submetida a uma variedade de estímulos e informações visuais, cores e brinquedos que forcem o estímulo sensorial dos cinco sentidos, os conteúdos e aprendizados serão muito mais rapidamente associados e apreendidos pelo cérebro. Há vários experimentos comprovados sobre esse método.

Trazendo esses mesmos conceitos para o nosso trabalho, algumas empresas estão se reinventando e transformando o ambiente corporativo em um potencial local de aumento de criatividade e produtividade. Há aquelas que possuem sala de jogos com videogames, locais para "idear" e conversar; são coloridas e com decoração interessante nas paredes, bonecos para bater ou sacos de boxe para extravasar a raiva, mesas de sinuca e até redes para tirar um cochilo.

Por outro lado, algumas empresas ainda não aderiram à ideia de aperfeiçoar seu ambiente físico. Acreditam que isso possa distrair os colaboradores aumentando a perda de tempo, ou pensam que não seja tão importante cuidar do espaço físico para melhorar a produtividade. Existem aquelas cujo ambiente nos remetem a cenas do século passado, não muito diferente do antigo e clássico filme de Charlie Chaplin *Tempos modernos*. Inclusive, as cores dominantes no ambiente são frias e tristes, sem graça ou vitalidade, de tons cinza ou preto e branco, nos fazendo acreditar que entramos em um filme do cinema mudo. Nem mesmo um quadro bonito na parede, nem uma planta para dar um verde ao redor; ficar ali cansa as vistas e o corpo, e com o tempo a motivação e a energia produtiva do trabalhador vão se tornando iguais às do local.

Há pelo menos quatro aspectos que compõem o ambiente, da mesma forma como temos quatro corpos, a saber: o físico, o emocional, o mental e o espiritual. Nosso ambiente espelha de certa maneira o que há dentro dos nossos quatro corpos, e o contrário também ocorre, pois um péssimo ambiente acaba por influenciá-los e nos afetar positiva ou negativamente. Você já deve ter entrado em algum local e sentido uma energia muito negativa, daquela que faz exclamar frases do tipo: "Nossa, que nuvem sombria sobre as pessoas daqui! Que clima pesado!". Você também já deve ter experimentado o oposto, ao sair de algum lugar e sentir-se muito bem, com a energia revigorada e com uma sensação boa.

Neste capítulo, apresentamos algumas dicas para melhorar seu ambiente físico de trabalho. Embora todos os aspectos estejam inter-relacionados e se influenciem mutuamente, começaremos pelo físico. Contudo, não podemos nos esquecer de que de nada adianta um local bonito e agradável que mais parece o paraíso, quando as emoções que o compõem e a mentalidade das pessoas são carregadas de pessimismo e negatividade. Tudo deve caminhar em consonância e harmonia.

Também temos que nos lembrar de que mudanças no ambiente de trabalho devem ser planejadas. Devem ser levadas em consideração a missão e a visão da empresa. Mudanças devem ser coerentes com o propósito empresarial e pensadas para estarem de acordo com a direção e as normas da empresa. O bom senso também precisa ser levado em conta. Imagine chegar a uma funerária que esteja repleta de balões, parecendo uma festa, e tocando músicas alegres!

São duas as formas de lidar com melhorias no ambiente empresarial: a forma macro, que envolve a criação de espaços de descontração, mudança das cores das paredes e estruturais, como salas de jogos etc., que obviamente devem ter o aval da direção da empresa; e a forma micro, ou seja, no seu pequeno espaço de trabalho, que pode ser sua sala ou até mesmo sua baia ou mesa particular. Caso sua empresa não esteja disposta a fazer as mudanças macro, você pode adotar pequenas transformações que não contrariem as normas nem impactem demais o ambiente que outros também utilizam.

1. Limpe seu local de trabalho

Existe uma relação direta entre limpeza e motivação, sem falar na segurança do ambiente. Ao sair, limpe o que você sujou, ou colabore com o pessoal da limpeza, que não é onipresente. Não custa ser prestativo e pegar um papel que está no chão ou um clipe caído.

2. Organize sua mesa de trabalho e o espaço físico ao redor

Não existe, até onde se saiba, uma pesquisa que mostre se há uma relação da mesa bagunçada com a criatividade, nem se uma mesa arrumada torna a pessoa mais criativa. Entretanto, com relação à gestão do tempo podemos afirmar que a organização torna o funcionário mais eficaz e produtivo, enquanto a desorganização de papéis e informações rouba um bom tempo dele. O espaço físico desorganizado pode contribuir tanto para um acidente quanto para a perda da eficiência logística. Imagine um restaurante onde ninguém sabe onde ficam os ingredientes!

3. Coloque pequenas flores, verde ou até mesmo cristais

O impacto de uma flor em um ambiente cinza transforma-o. Há centenas de estudos que comprovam que as flores têm um poder curativo; os terapeutas de florais afirmam que elas têm personalidade e influenciam aqueles que entram em contato com sua atmosfera. O verde ajuda, inclusive, na melhoria do ar que respiramos. Cuidado para não transformar a sala em uma selva, o bom senso é fundamental, mas faça bom uso do poder da natureza. A lavanda está entre as mais poderosas, e borrifar um óleo essencial dela altera até mesmo o clima pesado. Colocar pequenos cristais na sua mesa pode ajudar a dissipar energias negativas. Não pense que é superstição; trata-se de ciência e tecnologia, afinal um computador é repleto de ouro, cristais, sílica e demais minerais, que, entre outras coisas, ajudam na condução da energia. Tudo é energia!

4. Pendure quadros inspiradores, de natureza ou locais motivadores ou de arte

Olhar uma bela paisagem ajuda a harmonizar nossas emoções e a quebrar um pouco o "cinza" do ambiente. Você pode colocar na sua sala um quadro do destino que quer conhecer, para não se esquecer das suas metas. Se a empresa permitir, pendure alguma obra significativa ou de arte nos corredores ou salas de reunião. Caso não possa fazer isso, deixe um pequeno quadro na sua baia ou mesa. Tome cuidado para não ferir ou ofender seus colegas com os quadros e fotos que levar à empresa. A menos que você trabalhe naquelas antigas oficinas mecânicas ou em algum bar, não use fotos de mulheres atraentes ou homens sem camisa. O objetivo é inspirar, e não distrair, tampouco quebrar os protocolos da etiqueta.

5. Coloque uma música confortante e clássica

A música ajuda na concentração e a dissipar energias negativas. Uma história conta que Pitágoras, com sua harpa, impediu uma briga apenas tocando uma música capaz de apaziguar os ânimos. Há em algumas empresas música ambiente, e as melhores sempre serão as clássicas e instrumentais. Outros tipos de música podem tirar a atenção ou não agradar a todos, daí a necessidade de alinhar muito bem com as pessoas que trabalham no local, com o público e com os clientes. Caso não haja a possibilidade de música ambiente, ouça você mesmo. Use um fone de ouvido ou deixe o som de um pequeno rádio bem baixo em sua mesa, apenas para que você possa se concentrar.

6. Elimine locais de perda de foco

Da mesma forma que é importante trazer essas "inovações" ao ambiente, o excesso delas pode causar o oposto do pretendido; ao invés de aumentar o bem-estar e a produtividade, podem ajudar a perder o foco e aumentar as distrações. Por isso, deve-se estudar bem o que será colocado, quando e onde. Um planejamento tem de ser feito para eliminar pontos de conversas e de perda de foco, bem como um plano para aproveitar da melhor forma o espaço sem interferir no trabalho dos outros colaboradores. Pedir ajuda para especialistas, como arquitetos ou profissionais do Feng Shui, pode fazer uma boa diferença.

7. Se possível, leve seu animal de estimação para o trabalho

Há empresas que estão obtendo excelentes experiências com animais de estimação. Sim, algumas corporações estão permitindo gatos e cachorros, algumas aves e até porquinhos-da-índia. Claro que os animais devem ser adestrados, ter seus locais de higiene e descanso bem definidos e saber conviver com outras pessoas e até outros animais. Empresas que fizeram essas experiências notaram um aumento na felicidade geral dos funcionários, na alegria do ambiente e no bom humor dos colaboradores e clientes. É uma decisão que envolve muita preocupação com a saúde do bichinho, que deve estar devidamente limpo e vacinado. Também deve-se levar em conta que algumas pessoas são alérgicas. Se alguém disser que nem todo mundo gosta de animais, lembre essa pessoa que Deus mandou Noé encher a Arca com bichos, e não gente! Brincadeiras à parte, essa atitude pode ser um grande fator de aumento de produtividade, respeito e cuidado uns com os outros.

Veja o que você pode fazer para melhorar o seu ambiente de trabalho. Uma pequena mudança é melhor do que permanecer do mesmo jeito. E lembre-se de que mudar os ambientes ajuda a transformar as pessoas, mas as verdadeiras mudanças começam dentro de nós.

Melhora mental

As superpotências investem bilhões de dólares nos programas espaciais na tentativa de desvendar os segredos do Universo, entretanto a maneira mais rápida para conseguir tal façanha seria investir o mesmo tempo e recursos nas pesquisas sobre a mente humana. De certa forma, as universidades têm se aprofundado nos estudos sobre o cérebro humano, porém focam mais na parte fisiológica, no seu funcionamento biológico estrutural, não tanto no poder do pensamento. Quantas vezes você já parou para refletir no quão poderoso pode ser o seu pensamento? Quantos livros sobre o assunto já leu? Existem boas literaturas a respeito, mas ainda não são o suficiente para nos ajudar a compreender como podemos nos transformar, através da nossa própria mente, em seres muito mais evoluídos.

Uma pessoa, para se tornar verdadeiramente produtiva, precisa antes transformar sua mente em uma mente produtiva. Para que um ambiente seja melhorado no nível mental, as partículas e os átomos gerados pelos indivíduos que o compõem devem se harmonizar e mudar a frequência e vibração. O cérebro físico é apenas uma parte desse trabalho. Ele poderia ser comparado ao hardware de um computador, porém a mente seria o software, com seus inúmeros programas. Como nossos pensamentos podem influenciar positiva ou negativamente uma pessoa ou até mesmo um ambiente inteiro ainda é um mistério para boa parte de nós, mas podemos especular utilizando conceitos simples que nos ajudam a compreender o que muitos filósofos e religiosos, pensadores e cientistas tentaram ao longo dos séculos nos ensinar.

. . . .

> "Se você quiser descobrir os segredos do Universo, pense em termos de energia, frequência e vibração."
>
> *Nikola Tesla*

. . . .

A fotografia Kirlian veio provar cientificamente o que Einstein dizia: todo corpo, em virtude da sua constituição atômica, possui um campo de energia eletromagnética que pode ser chamado de aura. Matéria e energia são idênticas, pois a matéria é a condensação da energia e energia é a desintegração da matéria.

O pensamento gera eletricidade, o corpo humano gera bioeletricidade detectável através de máquinas como o eletrocardiograma e o eletroencefalograma. O sistema nervoso é a nossa rede de distribuição elétrica, as células são os semicondutores, funcionando à semelhança dos transmissores. A cada pulsação do nosso coração produz-se uma corrente de um ciclo por segundo de um watt de potência elétrica dissipada.

....

> "Somos o que pensamos.
> Tudo o que somos surge com
> nossos pensamentos. Com nossos pensamentos,
> fazemos o nosso mundo."
>
> *Buda*

....

Som e imagem possuem frequência e vibração, portanto somos capazes de alterar as vibrações e frequências de certos ambientes e até de algumas pessoas. O suíço Martin Fussenegger criou um sistema no qual, apenas pensando, humanos conseguem obrigar células animais a produzir proteínas que fazem bem para o corpo. Em um artigo publicado pela revista *Nature Communications*, Fussenegger descreve como usar ondas cerebrais geradas por humanos para controlar o funcionamento de genes de ratos. No experimento, pensamentos humanos ativaram uma espécie de implante luminoso instalado sob a pele dos ratinhos.

A luz estimulou a ação de um gene, que desencadeou uma série de reações químicas e a produção, no corpo do animal, de uma proteína. A quantidade de proteína produzida variava conforme a concentração do humano: quanto mais relaxado, mais proteína era produzida.

Fussenegger é professor do Instituto Federal de Tecnologia de Zurique, na Suíça. Há mais de vinte anos, busca formas de controlar o comportamento das células de mamíferos. É capaz de, usando feixes de luz, forçá-las a produzir proteínas que fazem bem para o corpo. Descobriu, agora, que consegue o mesmo resultado usando somente a força do pensamento.

....

> "Em um futuro distante,
> e isso soa como ficção científica,
> pode ser possível cuidar de si mesmo
> apenas pelo pensamento. Será tão fácil
> quanto tomar um comprimido."
>
> *Martin Fussenegger*

....

Toda essa introdução e os argumentos científicos apresentados servem apenas para explicar o óbvio: que o que você pensa sobre si mesmo, sobre os outros e sobre o ambiente pode e faz a diferença. Pensar positivo e saber pensar não é apenas um clichê, mas uma poderosa ferramenta que está agora mesmo disponível para você. Que tal começar a usar um pouco o Universo que o Criador colocou dentro de você?

Alguns escritores utilizam-se do termo "quatro corpos" para se referirem à constituição do ser humano como um ser que não é apenas feito de matéria. Algumas filosofias, como a Hindu, fazem referência a sete corpos. O método de Gestão do Tempo da Triad faz uso dessa nomenclatura e explica que devemos trabalhar e melhorar nossos quatro corpos: físico, emocional, mental e espiritual. Nosso ambiente também se constitui de quatro corpos. Apresentamos dicas para tornar a mente do nosso trabalho mais positiva e produtiva.

1ª Coloque frases de poder e afirmação no ambiente e nas suas coisas

Espalhe pelo ambiente frases que inspirem, motivem e forcem as pessoas a raciocinar. Colocar frases novas a cada semana em lugares diferentes, além de treinar a percepção, renova o estímulo. Há livros excelentes de citações de filósofos e pensadores que podem ajudar a construir uma mentalidade mais tolerante e ajudam a enriquecer a cultura geral de todos. Tenha as frases também nas suas agendas de papel e computadores.

2ª Aproveite os treinamentos que a empresa oferece

Por incrível que possa parecer, há inúmeras pessoas que se recusam a participar de treinamentos que a empresa oferece de forma gratuita. Muitos depois se arrependem de terem desperdiçado as oportunidades, portanto não perca tempo, se inscreva em cursos que possam agregar e aumentar suas habilidades e competências. Caso sua empresa não os disponibilize para os funcionários, indique para os chefes e líderes cursos bons, pois, se eles melhorarem, seu ambiente consequentemente irá refletir isso.

3ª Mude de vez em quando. Veja de outros pontos de vista

O cérebro tem partes físicas que regulam noções como espaço e território, e a mente se utiliza de hábitos para se preservar. Apesar de essas funcionalidades servirem para nos dar segurança, acabamos nos tornando robotizados e acostumados sempre com os mesmos estímulos. Mudar de lugar ou fazer pequenas alterações físicas na sua estante estimulam o cérebro e renovam a memória e atenção. Procure também pensar de forma diferente sobre determinados assuntos; a mente precisa criar associações para aumentar o número de células cerebrais conectadas. Quando um problema aparecer, procure pensar de outra maneira que não aquela a que está acostumado, mesmo que depois volte para o seu jeito de resolver as coisas. Mudar ajudará a ver outros pontos de vista e quem sabe pode até auxiliar na solução de dilemas.

• • • • • • • • • • • • • • • • • •

> "Os problemas significativos que enfrentamos não podem ser resolvidos no mesmo nível de pensamento em que estávamos quando os criamos."
>
> *Albert Einstein*

• • • • • • • • • • • • • • • • • •

4ª Faça semanas de práticas de outros idiomas

O mundo corporativo requer profissionais que sejam fluentes ao menos em um idioma, portanto quanto mais idiomas o profissional dominar melhor. Muitas empresas oferecem cursos após o expediente, porém há quem aprenda por conta própria. No entanto, sem que a pessoa pratique no dia a dia, se ela tiver de participar de uma reunião em que usará o que aprendeu, o medo e o nervosismo surgirão, porque falta a confiança que só a prática constante traz. A equipe pode estipular dias específicos em que um determinado idioma será falado, e aqueles que dominam com mais naturalidade devem ajudar os mais tímidos. O importante é auxiliar uns aos outros a vencer a inibição.

5ª Melhore sua forma de se expressar e comunicar-se

Nossos pensamentos se expressam, na maioria das vezes, através da comunicação verbal. As palavras têm poder e impacto nos nossos ouvintes, por isso precisamos ser cuidadosos na escolha do que vamos falar e da maneira como o fazemos. Muitas brigas acontecem desnecessariamente porque as pessoas não sabem falar o que pensam ou não conseguem se expressar de forma que não ofenda aos outros. Ler mais e pensar antes de agir são atitudes que ajudam muito a inteligência verbal. Antes de se comunicar, procure simular as reações que suas palavras podem causar nas pessoas. Você pode ser direto e objetivo, mas procure também ser gentil e diplomático.

....

> "A bondade em palavras cria confiança;
> a bondade em pensamento cria profundidade;
> a bondade em dádiva cria amor."
>
> *Lao-Tsé*

....

6ª Escute mais do que fala

Ninguém em toda a história da humanidade se tornou mais inteligente falando mais do que ouvindo. Ouvir verdadeiramente é procurar entender o outro, tanto o que ele fala quanto o que quis dizer realmente. Muitas vezes, permanecer em silêncio é a melhor forma de efetuar mudanças positivas em um ambiente. Com o hábito do escutar antes de falar, muitos problemas podem ser eliminados antes mesmo de aparecerem.

> "Em muitas pessoas a palavra antecede o pensamento; sabem apenas o que pensam depois de terem ouvido o que dizem."
>
> *Gustave Le Bon*

7ª *Veja o lado positivo das pessoas*

O pensamento é uma flecha energética que atiramos. Manter pensamentos de crítica, condenação ou julgamento com relação as outras pessoas é atrair as mesmas vibrações para você. Portanto, a melhor forma de mudar alguém de quem você não gosta muito é pensar coisas positivas sobre ele. O pensamento pode ser sentido pela mente inconsciente do indivíduo; por essa razão, procure ver o que a pessoa tem de positivo e reconheça isso. Com o tempo, o positivo vai substituindo o negativo e a forma como ela vai olhar e pensar a seu respeito também vai mudar.

> "O pensamento positivo pode vir naturalmente para alguns, mas também pode ser aprendido e cultivado. Mude seus pensamentos e você mudará seu mundo."
>
> *Norman Vincent Peale*

Cultive seu próprio corpo mental com positividade, otimismo e bondade; assim, pelas leis da física, da eletricidade e da natureza, todo o seu ambiente será eletrizado pela sua forma de pensar e sentir.

> ....
> "A maioria pensa com a sensibilidade,
> e eu sinto com o pensamento.
> Para o homem vulgar, sentir é viver e pensar é
> saber viver. Para mim, pensar é viver e sentir
> não é mais que o alimento de pensar."
>
> *Fernando Pessoa*
> ....

Melhora emocional

O Instituto HeartMath, em seus estudos científicos, comprovou que o ser humano possui um campo de força eletromagnético o qual influencia o ambiente. A energia sai do coração, criando um campo energético que pode tanto influenciar o ambiente como ser influenciado por ele. Cientificamente, eles provaram as famosas expressões: "Que ambiente carregado", ou "Que clima tenso que está aqui". Não é muito difícil compreender que somos feitos de energia, eletricidade, química. Nossos elétrons se alinham ou se chocam com os elétrons produzidos ou contidos nos ambientes que frequentamos. Cargas negativas dos íons se anulam com cargas positivas. Isso é ciência elementar que estudamos ainda na escola.

> Íons são átomos que perderam ou ganharam elétrons em razão de reações, eles se classificam em ânions e cátions. Ânion: átomo que recebe elétrons e fica carregado negativamente. Cátion: átomo que perde elétrons e adquire carga positiva.

Entender que a matéria é muito mais do que um aglomerado de carne composta por moléculas é começar a compreender o macrocosmo contido no microcosmo. O segredo do universo está dentro de cada ser humano, basta ousar desvendar-se para compreender que somos todos partes do mesmo UM. Aliás, a palavra universo significa retorno ao UM. Para melhorarmos nosso ambiente emocional, seja em casa ou no trabalho, precisamos primeiro nos conhecer e conhecer um pouco da matéria da qual somos feitos. Somos pensamentos, sentimentos, energias, átomos e um conglomerado de elementos bioquímicos que reagem a torto e a direito, ora com intenção, ora "por acaso". Algumas vezes teremos controle da causa; outras, só poderemos agir para amenizar os efeitos de certas "explosões".

Seguindo esse conceito já nos deparamos com o muito que se tem falado sobre inteligência emocional, inteligência emocional no trabalho, como controlar as emoções ou melhorar o domínio das emoções. No entanto, ainda pouco se sabe a respeito da influência das emoções no dia a dia das pessoas. Observamos claramente os efeitos de emoções desgovernadas, porém não conseguimos ver o que as gera dentro de nós, quais os gatilhos que as fazem explodir. É um assunto que ainda precisa ser muito explorado, até no campo da Medicina. Sabemos que as emoções podem ajudar na cura ou criar tumores, sem contar que influenciam diretamente na depressão e no estresse.

Um pediatra conhecido disse que não acreditava em homeopatia, porque age apenas no emocional. Bem, não quero aqui comprar uma briga enorme que já existe há séculos entre os médicos, mas fiquei refletindo o quanto as emoções colaboram para a cura ou para a doença. Na minha humilde opinião, desprovida de aprofundamento no assunto, acredito que as emoções sejam fator predominante no processo de cura e no desenvolvimento do aprendizado e, consequentemente, no sucesso pessoal.

No início deste capítulo falamos sobre o conceito de quatro corpos e associamos o tema ao ambiente que criamos no trabalho. Assim como o ser humano possui quatro corpos – físico, emocional, mental e espiritual –, o ambiente se compõe de maneira igual. Agora, daremos sequência ao tema, apresentando algumas dicas para a melhoria do "campo" emocional do nosso ambiente profissional.

Lembrando que o espaço ideal harmoniza os quatro corpos, porque de nada adiante um local confortável e inovador fisicamente, se as emoções que são emanadas pelas pessoas não correspondem à verdadeira harmonia e positividade necessárias a uma boa produtividade e convívio.

1. Conheça suas emoções

Da mesma forma como o ambiente pode influenciar você, devido às misturas químicas presentes no campo eletromagnético que a mente e o coração das pessoas emanam, você também pode somar ou diminuir tais energias. A partir do momento em que você entra em um ambiente qualquer, pode decidir fazer parte das emoções presentes, alterá-las ou simplesmente ficar imune e alheio a todas elas. Contanto que saiba quem é você. Quais as emoções dominantes e o quanto elas afetam sua rotina? A primeira dica para melhorar o ambiente, portanto, é decidir quais emoções você quer aceitar e fortalecer, quais emoções quer anular ou se quer apenas permanecer protegido das influências sem afetar ou interferir no clima. Para que isso seja possível, comece a observar a si mesmo: quais as emoções mais fortes que mexem com você, o que o afeta, o que tira você do sério? Conhecer os pontos fortes e fracos torna a pessoa mais alerta para evitar ser contaminada por influências externas. Certa vez, acompanhei uma profissional que estava me mostrando a empresa. Em um dos ambientes presenciamos uma briga e um clima de tensão e agressividade. Ela imediatamente me tirou do lugar e disse: "Isso aqui é normal, mas eu já aprendi a não permitir que a raiva deles me contagie. Hoje nada vai alterar o bom humor do meu dia". E seguiu alegre apresentando o lado bom da empresa.

2. Seja prestativo

Diz um conto antigo chinês que a única diferença entre o céu e o inferno está na forma como as pessoas tratam as outras. No inferno ninguém ajuda ninguém, já no céu um cuida do outro. Ser prestativo e perguntar se alguém está precisando de ajuda é uma maneira de alterar um ambiente. Mesmo que ele não mude, com certeza as pessoas vão olhar você de forma diferente, por quem nutrirão sentimentos melhores. Você não precisa buscar ser o psicólogo da turma e perguntar sempre como os outros estão se sentindo, nem tem de se tornar servo ou escravo do time que faz tudo para os outros. A ideia não é querer agradar a todos, mas se preocupar o suficiente com seus companheiros, ter solidariedade e empatia com todos. Ao fazer isso e agindo de forma verdadeira, com o tempo, você se tornará o ponto de apoio do time e a pessoa mais benquista do local. A lei do retorno infalível agirá para garantir que você receba toda a energia positiva que dedicou aos outros.

3. Seja bem-humorado

Ser bem-humorado não significa ser aquela pessoa que vive fazendo graça ou contando piadas. Basta manter suas emoções internas alegres, relevar pequenas coisas e manter seu campo emocional o mais inabalável possível. Ser bem-humorado também não significa que você se torne o palhaço da empresa, a menos que tenha verdadeiro dom para fazer os outros sorrirem. Claro que contar uma piada às vezes ajuda muito a tornar o ambiente agradável. Crescemos na empresa de propaganda do nosso pai e adorávamos ficar com o pessoal da criação, cujo departamento era o mais legal da empresa, porque eram criativos e brincalhões e não perdiam a graça nem a piada. Meu pai também é um exemplo de bom humor com inteligência e sem perder a produtividade.

4. Respeite as suas emoções e as dos outros

Visitei empresas que começam o dia de trabalho incentivando todos os funcionários a dizerem um bom dia com toda a energia. Realmente, acredito que isso possa fazer uma grande diferença. Algumas pessoas acham que isso é falsidade, porque temos dias ruins também e ninguém é sempre e a todo momento feliz. Shakespeare tinha uma frase: "Se todos fossem felizes a Terra seria um inferno". Respeitar as emoções dos outros é importante e às vezes a melhor forma de ajudarmos a mudar as emoções negativas da pessoa é deixá-la sozinha, encarregando o tempo dessa mudança. Tenha empatia e entenda os outros, mas sem ultrapassar os limites. Também respeite o seu sentimento, pois ele pode estar mostrando algo a você. Reflita, medite e aprenda com ele.

5. Faça piadas, mas não seja chato

Construir um bom ambiente começa pela forma como você interage com os seus colegas de trabalho. Conhecemos pessoas que quando estão presentes em um ambiente nos trazem alegria ou esperança. Algumas nos ajudam a sair da tristeza apenas com um olhar. São motivadoras por excelência. Você pode contar piadas ou fazer suas graças, contanto que isso não se torne algo chato ou impertinente. Seja inteligente e use o humor e as brincadeiras para construir relacionamentos, para elevar o time e motivar as pessoas. Na guerra os soldados que tinham em seus batalhões soldados piadistas (bons piadistas) marchavam com mais energia e vigor, e o cansaço quase nem era sentido.

6. Evite fofocas e interrompa a divulgação delas

Nada é mais destrutivo para um ambiente do que as fofocas; por essa razão, evite ser um propagador delas. Procure não fazer parte de conversas cujo tema seja esse. Se não quiser ser o "moralista", apenas se afaste ou diga que não acredita que tais coisas sejam verdadeiras. Use as três peneiras de Sócrates. Ao ser questionado se ele sabia de uma história sobre um amigo, o filósofo perguntou sobre as três peneiras. Primeira: a peneira da verdade; segunda: a peneira da utilidade; terceira: a peneira da bondade. Como a história não passava por nenhum dos três crivos, Sócrates então disse que não queria ouvi-la.

7. Seja tolerante

Elimine críticas desnecessárias e que não contribuem com nada. Alguns erros são na verdade o aprendizado de que a pessoa precisa passar, então dê tempo ao tempo. Críticas destrutivas quebram a harmonia e geram emoções negativas. Evite-as ou as interrompa da mesma forma como faz com as fofocas. Lembre-se também de que a tolerância tem seus próprios limites. Você pode tolerar até mesmo o mau humor dos outros, pois nem todos estão em um dia bom. Contudo, se por acaso a pessoa resiste em mudar seu comportamento, com relação às suas emoções ou ao descontrole delas, e se os *feedbacks* não estão ajudando, simplesmente, e numa boa, se afaste dela. Podemos e devemos tolerar até certo limite, que reside naquilo que se torna prejudicial para nós. Seja firme, o ponto de interrupção da energia negativa, porque se não o fizer, cada vez mais pessoas serão contaminadas pelas energias negativas que alguém insiste em emanar.

8. Estabeleça regras claras de respeito e limites

A empresa deve ser clara e estabelecer os limites do que é aceitável, porque já presenciei xingamentos e até brigas e ofensas dentro do ambiente de trabalho. Emoções que são represadas uma hora explodem e trazem consequências graves. No entanto, nada acontece do dia para a noite. Se investigarmos as causas, perceberemos que havia muito tempo alguma coisa estava muito errada. O desrespeito com a pessoa, os *feedbacks* malfeitos ou a ausência deles, a falta de direção e liderança geram o descontrole emocional. Se observar uma alcateia, o lobo alfa é sempre o mais equilibrado emocionalmente e sempre permite brincadeiras até certo limite. Chefes abusivos ou arrogantes estragam o emocional de qualquer um. Os que estimulam a rivalidade, ao invés da sadia competitividade, que jogam uns contra os outros, que praticam ou permitem o *bullying*, estão na verdade criando um vulcão de emoções negativas.

Caso a empresa não estabeleça normas de respeito e ética, faça a sua parte e estabeleça para você o que é capaz de aceitar e o que considera um desrespeito. Visitei uma empresa em que o chefe de um setor fazia todos os seus liderados mascarem o mesmo chiclete que ele. Nojento e totalmente fora das normas de saúde, mas infelizmente ele se achava o "grande líder". A regra de ouro não pode jamais ser esquecida: "Não faça aos outros o que não gostaria que fizessem com você".

Há situações em que a empresa pode colaborar criando um clima emocionalmente prazeroso e produtivo. Eventos, festas, *happy hours* e confraternizações são bons, mas manter um clima de respeito e reconhecimento profissional, com promoções justas e meritocracia, também age imediatamente no bem-estar emocional dos colaboradores, e isso deve partir primeiro da empresa no campo macro. Se por acaso não haja essa visão da empresa, você pode fazer por si e pelos seus colegas de forma individual.

Alguns dos aspectos já abordados no 18º capítulo, que trata do corpo físico do ambiente, tais como música, cores alegres, quadros inspiradores, flores, cristais, uso do óleo essencial de lavanda, apesar de agirem no corpo físico, também afetam diretamente o campo emocional. Faça uso deles e veja a diferença.

20º Elogie as pessoas que você ama e seja grato

"Faça um elogio honesto e sincero."
DALE CARNEGIE

Os relacionamentos humanos são sempre mais harmoniosos e felizes quando há uma constante troca de elogios sinceros e verdadeiros. O elogio é uma excelente moeda de troca. Aliás, quando elogiamos alguém, essa pessoa fica com uma sensação de dever. É como se tivesse que se esforçar para sempre receber o elogio ou ficasse em dívida. No entanto, essa é uma espécie diferente de dívida. Funciona como uma forma de a pessoa elogiada ter que retribuir de alguma maneira, seja reiterando o comportamento apreciado, seja nos elogiando também. Um elogio, além de ser um reconhecimento, demonstra que o elogiador se importa e gosta do outro. Além de ser uma excelente alternativa de procurar algo positivo, bom, digno para elogiar.

A convivência, a rotina, as obrigações diárias com todas as demandas de casa e do trabalho diminuem nossa habilidade em elogiar. Ficamos muitas vezes tão cansados ou "sem tempo" que deixamos de lado esse detalhe tão crucial para nossos relacionamentos. Nossos filhos fazem coisas boas, entretanto focamos no que acontece de errado. Maridos e esposas trabalham, mas raramente são elogiados pelo que fizeram. Como se tudo fosse sempre uma obrigação. Mesmo que seja um dever cumprir com nosso trabalho, por que não elogiar? Muitos casais não têm o hábito de conversar sobre como foi o dia entre eles nem com seus os filhos. Quando, por ventura, há esse tipo de interesse, deixamos passar o que é digno de reconhecimento e focamos nas atitudes erradas que eles tomaram. Um momento que serviria para unir acaba causando desentendimentos porque as críticas são sempre o centro das conversas.

As pessoas com quem convivemos ficam tanto tempo sem receber um elogio que quando os elogiamos suspeitam de algo. Como a esposa que desconfia quando o marido lhe traz flores; quando os pais acham estranho quando os filhos os elogiam, pensando que logo em seguida vão pedir alguma coisa. Da mesma forma, no ambiente de trabalho, deixamos de elogiar nossos funcionários, colegas e até mesmo chefes e líderes.

Qual foi a última vez que você elogiou alguém que ama? E algum colega do trabalho, um parceiro de negócios, um fornecedor, alguém que fez um bom trabalho ou serviço?

Se observarmos os grandes líderes da história militar, eles nunca deixavam passar um comportamento desejado ou digno sem um elogio, talvez porque, diferentemente de outros ramos de atividade, motivar pessoas a irem para a guerra e possivelmente para a morte requer grandes doses de confiança, até mesmo afeição conseguida por meio dos elogios. Lembre-se, porém, de que elogiar não é adular. Adulação é o caminho para o desastre.

Quando elogiamos uma pessoa que fez um bom serviço ou prestou um ótimo atendimento, ela sempre terá um cuidado especial para conosco. Faça essa experiência. Da próxima vez que alguém for merecedor de um elogio, faça-o. Perceba o quanto ele ficará feliz e motivado. É preferível sempre reconhecer o bom trabalho de alguém do que fazer uma crítica construtiva. Se já temos uma enorme dificuldade em receber elogios, ainda maior é a dificuldade em dar *feedbacks* e de eles serem entendidos. Em geral, um elogio funciona melhor que uma crítica. Claro que há momentos em que a pessoa terá que ser repreendida para que possa reconhecer seus erros e mudar. Elogiar publicamente e repreender a sós: eis uma regra utilizada pelas ordens religiosas, militares e grupos de elite. Um elogio público demonstra um padrão a ser seguido pelos outros.

A forma mais eficaz de elogiar alguém é fazê-lo quando o comportamento for notado, porém você pode elogiar a pessoa mesmo depois de passado um tempo. Não convém que se passe muito, contudo; não se deve esquecer de elogiar. Devemos transformar isso em um hábito.

Elogios nos ajudam a conhecer as pessoas, saber das suas verdadeiras intenções, a forma como pensam e sentem sobre si mesmas, como costumam tratar os outros, se são líderes natos, se conseguem ver detalhes onde os outros não veem. Assim, descobrimos como lidam com o sentimento da gratidão. De certa forma, elogiar é um meio de agradecer.

....

"Podes conhecer o espírito de qualquer pessoa, se observares como ela se comporta ao elogiar e receber elogios."

Sêneca

....

A gratidão e a felicidade

"As pessoas felizes lembram o passado com gratidão, alegram-se com o presente e encaram o futuro sem medo."

EPICURO

Somente quem é capaz de agradecer pode descobrir a felicidade que possui. Ser grato é ter a virtude que nos mantém em um estado constante de contemplação e alegria. Por meio da gratidão, encontramos a humildade de reconhecer nosso lugar no mundo. É com ela que destruímos nossa arrogância e prepotência, reconhecendo que somos o que somos e devemos muito a algo ou alguém. Ninguém é tão superpoderoso que não precise ser grato.

Ter gratidão é o meio mais seguro de não temer o presente nem o futuro, porque a pessoa que consegue ser agradecida, até mesmo quando sobrepujada por dificuldades ou acometida por grandes infortúnios, saberá sempre reconhecer as coisas boas e conseguirá alcançar o contentamento e a paz de espírito.

Infelizmente, poucos desenvolvem a gratidão como um hábito saudável, como uma rotina. Talvez por não elogiarem os outros: falta tempo, estão cansados, não sabem os benefícios ou ainda não passaram por situações em que ficassem muito gratos por algo ou pela ação de alguém. Imagine um bombeiro que salva sua família de um incêndio. Mesmo sendo a missão dele, o "dever" dele, não é algo digno de gratidão? Mas por que temos que agradecê-los somente quando salvam a nossa vida? Não podemos ser gratos a todos aqueles que nos ensinam, nos alegram, nos curam, nos ajudam? E quanto a sermos gratos pela natureza, pelas belezas, matérias-primas, frutas e pelos alimentos que nos proporcionam?

Uma vez nosso pai, nossa mãe e Alexandre fizeram um curso para agricultores quando meus pais compraram um sítio. Tivemos de pegar na enxada, cavar a terra, tirar um cupinzeiro do meio do canteiro, plantar e depois colher. Ao final do dia, exausto, ele valorizou a natureza e principalmente todos os que debaixo de sol e chuva trabalham na roça. Até aquele momento, nunca havia sentido vontade de agradecê-los.

Da mesma forma, podemos ser gratos a uma força maior que vive dentro de cada de um de nós. É incrível como encontramos mais gratidão em pessoas que sofreram duras perdas, passaram por trágicos acontecimentos, problemas de saúde gravíssimos ou nasceram com deficiências limitantes do que na maioria dos que não passaram por nada disso. Quem não consegue agradecer por nada possui grandes falhas de caráter. É insensível ao esforço dos outros, mal-educado por criação e por natureza, cego de alma e, com isso, bloqueia todos os caminhos para a felicidade verdadeira.

> "Se você nunca encontra razões para agradecer, a falha está em você."
>
> *Buda*

Os benefícios da gratidão

Robert Emmons, professor de psicologia da Universidade da Califórnia, afirma que "a gratidão é o 'fator esquecido' na pesquisa da felicidade". Ele é um cientista que realizou estudos com mais de mil pessoas de idades entre 8 e 80 anos. Aquelas que consistentemente praticam a gratidão tiveram uma série de benefícios. No aspecto físico, os sistemas imunológicos delas se tornam mais fortes, elas sentem menos incômodo com as dores físicas, têm maior tendência à prática de exercícios e cuidam melhor da saúde, conseguem dormir mais, sentem mais energia. No que diz respeito ao meio social, se tornam mais prestativas, generosas e possuem maior compaixão; em geral, são mais extrovertidas e propensas a perdoar, sentem-se menos isoladas. Os aspectos psicológicos também demonstram melhorias; sentem menos ressentimentos; possuem nível maior de emoções positivas; bloqueiam sentimentos negativos, como a inveja forte dos ingratos; são mais vivas, alertas; sentem mais alegria, otimismo, felicidade e prazer.

Para a neurociência, a felicidade tem forte relação com a gratidão. Ao sentir-se grata, a pessoa ativa o chamado sistema de recompensa do cérebro, provocando uma sensação de bem-estar. O cérebro entende que algo positivo está acontecendo e libera dopamina, um neurotransmissor responsável pela sensação de prazer.

Uma constatação interessante nos estudos de Robert Emmons foi o fato de aqueles que manifestavam gratidão de forma regular terem apresentado progressos significativos em termos de objetivos pessoais, acadêmicos, interpessoais e de saúde em comparação com os que não possuíam esse hábito.

Sonja Lyubomirsky, professora de psicologia na Universidade da Califórnia, Riverside, afirma que a gratidão é um exercício que deve ser praticado constantemente. Ela afirma que, para que seus frutos sejam colhidos, é necessário exercitá-la: "Se você não fizer isso regularmente, não obterá os benefícios".

Outro detalhe interessante, segundo Emmons: a gratidão independe de crenças religiosas, mas a fé amplia a capacidade de manifestá-la.

> As pessoas gratas têm uma tendência maior a crer na interconexão de todas as formas de vida, a firmar um compromisso com os outros e ser responsável por eles. Quem manifesta gratidão dá menos importância a bens materiais, é menos invejoso e tende a partilhar mais suas posses com os outros.

Na Bíblia e em outros livros religiosos, encontramos exortações aos benefícios da gratidão. Por exemplo, em Mateus 25:29, encontramos o seguinte: "Porque a todo o que tem gratidão, dar-se-lhe-á, e terá em abundância; mas ao que não tem gratidão, até aquilo que tem, ser-lhe-á tirado". A interpretação é livre. Preferimos entender que Deus não tira nada de ninguém se acaso a pessoa não tiver gratidão, pois Ele é magnânimo e não tem necessidade em ser vingativo. Na verdade, quando a pessoa não exercita a gratidão, ela mesma acaba tirando de si tudo o que tem e lhe foi dado, pois perde a capacidade de apreciar o que tem, deixa de ver as coisas positivas e acaba focando apenas no que não possui. O ingrato fica cego e insensível a todas as coisas boas e positivas.

Somos o que focamos nossa atenção e nosso pensamento. Quando não se é grato, foca-se apenas no que não se tem; por consequência, cada vez mais são atraídas escassez, doenças e problemas, criando assim um círculo constante de ingratidão e gerando ainda mais perdas.

....

"A gratidão é a virtude das almas nobres."

Esopo

....

O poder das afirmações

> *"Devemos não somente nos defender, mas também nos afirmar, e nos afirmar não apenas enquanto identidades, mas enquanto força criativa."*
> MICHEL FOUCAULT

Somos seres sedentos por reconhecimento e uma forma de alcançá-lo é recebermos um elogio – palavra cuja origem latina é *elogium*, que pode ser traduzido como "inscrição tumular" ou "epitáfio". Veja que interessante, elogios eram as mensagens que descreviam os aspectos mais memoráveis da vida de uma pessoa. Com certeza você nunca parou para pensar o que será grafado no seu epitáfio, contudo não vai querer que redijam algo ruim a seu respeito, tampouco alguma mentira. Entramos no labirinto da vida para escrevermos nossa história, e ela pode ser elogiável. Por que não ela ser feliz e repleta de realizações?

Organizando antigas fitas cassetes, descobrimos uma gravação que meu avô Ismael fez com mensagens que ele resolveu deixar para seus descendentes. No áudio, vários poemas e orações de que ele gostava muito eram lidos. Uma delas nos marcou profundamente. Não nos lembramos do título, não sabemos de quem é a autoria, até hoje não a encontramos. Era uma mensagem de serviço, de ser útil aos outros, e que trouxe um conceito muito importante: "Podeis fazer um elevado juízo de si mesmos e podeis ainda dizer isso ao mundo, mas não em grandes vozes, e sim em grandes feitos".

Quando lemos a biografia dos grandes personagens da história, de ambos os gêneros, aqueles que realmente foram elogiáveis em suas vidas, descobrimos que possuíam um elevado juízo de si mesmos; acreditavam que eram bons e que vieram para fazer grandes coisas. Ou tiveram alguém na família que os elogiou a ponto de terem a certeza de que poderiam ser a verdade de suas autoafirmações.

Aqueles que atingiram o sucesso e realizaram grandes feitos o fizeram sem deixar de crer que eram bons o suficiente. Ninguém consegue ser equilibrado e feliz se não elogiar seus pontos fortes e o das pessoas ao redor. É praticamente impossível ser produtivo sem ter conhecimento de seus pontos fortes. Este é dos segredos da produtividade: acreditar que se pode fazer mais e melhor.

Uma coisa aprendemos com os filósofos: a discordar para concordar (e vice-versa). Conceitos que aparentam ser contraditórios podem ser interpretados de maneira diferente até que se chegue a um consenso, algo que se torne mais compreensível ou simplesmente uma nova maneira de ter seu próprio entendimento sobre algo.

Ao escrever este capítulo, deparamos com várias citações e frases, uma das quais nos fez refletir: "Elogiar-se a si mesmo é prova de ignorância". Depois de tudo o que foi dito sobre elogiar, em primeiro momento pensamos que esse pensamento irá contradizer nosso raciocínio sobre a importância do autoelogio. Entretanto, nós o interpretamos de outra maneira. A palavra ignorância vem de ignorar; aquele que ignora não conhece, não sabe, desconhece a prática de alguma coisa. De fato, quando precisamos elogiar a nós mesmos é porque ainda ignoramos o quanto somos bons; necessitamos de autoafirmação, conhecer o que temos de melhor a fim de conseguirmos forças para realizar algo bom. A partir do momento em que temos total confiança, fé e certeza de nosso poder e de nossos pontos fortes, não será mais indispensável nos elogiar. Teremos a certeza do que somos.

Quando esse absoluto conhecimento do que somos se manifesta sem que seja necessário nos lembrar disso, então os outros é que começarão a nos elogiar verdadeiramente, porque vamos transparecer nos atos e atitudes nossos pontos fortes. O autoelogio, portanto, é um caminho para nosso fortalecimento; uma forma de reforçar qualidades e reconhecer ou recompensar o que é bom. Basta seguir seu caminho fazendo sempre o seu melhor e sabendo o quanto você é bom. Assim, com toda a certeza no seu epitáfio não faltarão elogios.

. . . .

> "Não se preocupe quando não for reconhecido, mas se esforce para ser digno de reconhecimento."
>
> *Abraham Lincoln*

. . . .

Exercícios para trabalhar sua capacidade de elogiar e ser grato

1. Procure por aquilo que possa elogiar e diga isso às pessoas que ama. Deve ser algo sincero e verdadeiro. Fale o quanto seu cônjuge é bonito, responsável, inteligente, criativo. Se não lhe vem à cabeça nada que possa ser elogiado, reflita, pois a falha pode estar em você.

2. Elogie alguém no seu trabalho, mesmo que tenha sido por algo que a pessoa fez há muito tempo. Não deixe a semana acabar sem ter conseguido reconhecer aquilo que valha a pena ser elogiado. Você pode criar um mural dos elogios e incentivar as pessoas a escreverem (de forma anônima, se preferir) o que notaram de elogiável nos seus colegas de trabalho. Também pode fazer esse mural em sua casa.

3. Da próxima vez que for a um restaurante, uma loja ou quando alguém prestar um serviço que mereça um elogio verdadeiro, não desperdice a oportunidade, faça-o. Não precisa ser nada exagerado; caso contrário, parece falso, adulação. Um sorriso ao olhar nos olhos da pessoa, perguntar o nome e dizer "muito obrigado" ou dar um aperto de mãos são suficientes.

4. Desenvolva a gratidão. Faça uma lista das coisas pelas quais é grato, e tente encontrar o maior número possível. Elabore também uma lista com pessoas a quem precisa ou quer agradecer por algo e diga isso a elas. Mande um e-mail ou um pequeno presente explicando por que você é grato a elas.

5. Crie uma imagem poderosa sobre você e escreva uma frase ou texto que descreva o quanto é bom. Ninguém precisa ouvir a sua frase, nem saber qual é o texto que desenvolveu. Muitos podem achar pretensioso enquanto você ainda não é o que pretende ser. De toda forma, a técnica de sair dizendo a todos também funciona. O campeão mundial de boxe Muhammad Ali sempre afirmava ser o maior de todos os tempos, mesmo antes de ser campeão. Anos depois, em uma entrevista na televisão, revelou que no começo não acreditava no que dizia, mas depois, quando muitos começaram a acreditar nele, passou a aceitar o fato com mais naturalidade. A frase pode ser simples: "Eu sou bom em elogiar os outros", "Eu tenho muita persistência e determinação", "Eu sou o melhor no que faço". Enfim, crie a imagem poderosa de si, elogie as coisas nas quais você é bom.

6. Procure fazer sempre o seu melhor. Descubra algo que pode fazer bem melhor do que já faz. Melhore até o ponto de receber um elogio. Pode até ser uma mudança de comportamento. Vamos supor que você não seja pontual, mas que a partir de agora vai ser. Persista no comportamento até que as pessoas notem isso e o elogiem. Se ninguém o reconhecer, procure fazer ainda mais. Caso ninguém o congratular, não fique chateado, ao menos você terá a certeza de que melhorou consideravelmente.

21º Saia da sua zona de conforto

"Ninguém pode ser escravo de sua identidade: quando surge uma possibilidade de mudança é preciso mudar."
ELLIOTT GOULD

Só a mudança é eterna. Basta olharmos para a natureza e veremos que "nada se cria, nada se perde, tudo se transforma". Não fomos criados para permanecer eternamente no estado em que nos achamos confortáveis, mas, sim, para evoluirmos, crescermos e encontrarmos um novo propósito de existência. E isso só é possível quando saímos de nossa zona de conforto.

Na natureza, podemos observar duas fases da mesma matéria e suas mudanças. A grafite e o diamante têm diferenças entre si, mas também pontos em comum. Ambos são naturais e provêm do mesmo elemento, o carbono, mas possuem formas geométricas diferentes. Além disso, em seus estados naturais possuem usos e utilidades vitais para a indústria e tecnologia. Na escala Mohs de dureza, que vai de 1 a 10, a grafite está entre os menos duros, variando entre 1 e 2. Já o diamante ocupa o topo da escala – nada na natureza é mais duro do que ele. Os dois são feitos de carbono, mas o que os difere é que o diamante, para se tornar tão duro, belo e brilhante, teve de passar por condições extremas, pressão e altíssimas temperaturas. Isso levou milhões de anos. A grafite ou um carvão podem se transformar em um diamante, se passarem pelo mesmo processo. O mais interessante é que o diamante também pode voltar a ser grafite ou carvão. Ao contrário do que se pensava, os diamantes não são eternos, pois o carbono definha com o tempo, porém isso leva milhões de anos para acontecer. Trocando em miúdos, todo diamante irá se transformar, naturalmente, em grafite ou algo próximo de um carvão. A única coisa eterna na natureza é a mudança.

Tudo se resume a constante movimento. Ainda que certas coisas demorem anos para mudar, sempre adotam novas formas. Aceitar isso não precisa causar em nós medo ou insatisfação. Resistir às transformações é sofrer inutilmente. Uma hora estamos confortáveis na barriga de nossas mães; de repente, porém, aquele lugar agradável, aconchegante, quentinho e seguro se torna insuportável, apertado. Espasmos começam a nos empurrar para um mundo desconhecido e, queiramos ou não, temos de sair de lá para enfrentá-lo.

Encontrar o equilíbrio na vida é saber reconhecer quando mudar ou permanecer, quando sermos duros ou flexíveis. Tudo tem sua quebra – o melhor é saber pular ao próximo nível sem precisar passar por ela. Caso não mudemos por vontade própria, a evolução a qual todos os seres estão sujeitos arranja uma maneira de nos lançar a outros patamares. Às vezes, a quebra é a maneira que encontramos para reconstruir nossa vida.

O conforto é uma meta para a humanidade. O trabalho, o suor, as horas investidas em aprender uma profissão e o tempo dispendido para executarmos algum projeto lucrativo servem para que alcancemos mais conforto. Não há problema nisso, pois é essencial para que possamos nos sentir bem. Um profissional que controlou as etapas de seu ofício, de tal maneira que tudo para ele se tornou fácil e rápido, obteve conforto em sua profissão; se um atleta, ao realizar um exercício, não sente mais esforço ou dor muscular, significa que seus músculos atingiram uma posição de conforto. A questão é saber o quanto essa situação representa verdadeira segurança. Um barco pode até ficar seguro no porto, porém há situações em que ele, preso no cais, sofre mais danos do que se estivesse em alto-mar enfrentando as tormentas.

A verdadeira segurança está na nossa capacidade de aprender sempre mais, de enfrentarmos os desafios com coragem e fortaleza interior, em nos adaptarmos e nos transformarmos no que a situação exige de nós. E ela só é alcançada quando nos sentimos seguros de que as mudanças são necessárias para nosso crescimento e que os desafios são chamados para que possamos velejar em direção ao nosso próximo porto seguro.

. . . .

> "A verdadeira medida de um homem
> não se vê na forma como se comporta
> em momentos de conforto e conveniência,
> mas em como se mantém em tempos
> de controvérsia e desafio."
>
> *Martin Luther King*

. . . .

O que acontece se nos recusarmos a sair de nossa zona de conforto? Ela é invadida pelas pressões e somos obrigados, de qualquer maneira, a buscar novos aprendizados e novas conquistas. Esse constante movimento de sermos atirados aos mares revoltos faz de nós marinheiros melhores e mais confiantes. Dá muito mais trabalho proteger a todo custo a bolha da zona de conforto do que aceitar sua destruição – o que, para muitos, acaba sendo um renascimento.

No entanto, o leitor deve ter em mente que conformismo não significa conforto. Aceitar uma situação e não querer mudá-la atrai sofrimento, é uma atitude passiva e até omissa. O conformista, que parece não ter amor-próprio, resigna-se a situações incômodas e desfavoráveis sem questionamento nem luta, tornando-se um covarde. Até os maiores pacifistas sentiam-se inconformados com as injustiças. Ser pacífico não é ser indiferente. Veja o quanto Gandhi lutou para alcançar a liberdade, condição conquistada quando se nega o conformismo, sem medo, avançando em busca de sonhos e objetivos. Uma pessoa conformada deixou de almejar o melhor para si e para os outros.

Quem consegue ser feliz permanecendo sempre como está? É praticamente impossível. Imagine que você comprou uma cadeira confortável e se acostumou a ela, porém um conhecido seu lhe mostrou que há um sofá mais confortável e bonito. Por que não o ouvir e mudar de mobília? Ou o apego vai fazer você continuar na sua velha cadeira até que ela já não seja mais confortável? O conformista não age até que aquele móvel velho quebre em vez de comprar ou construir um novo. Ele se contenta com o pior e não tenta mudar as possibilidades.

Não deixe que o medo, a preguiça, as crenças limitantes o paralisem. O conforto é uma busca aceitável, mas o conformismo é algo a ser evitado. O segredo da vida é, antes de invadirem nossa zona de conforto, já estarmos preparados para migrar para nossa próxima estação, na qual ficaremos confortáveis até que o incômodo comece a nos indicar que chegou a hora de partir.

Se você está infeliz, há uma grande possibilidade de que sua zona de conforto esteja começando a lhe causar mal-estar. Acostume-se a sair dela e nunca entre no conformismo. Este jamais deve ser tolerado, pois nos torna surdos e cegos, insensíveis e indiferentes com nossa própria evolução. Aproveite a chance e siga os ventos da mudança, pois a infelicidade é temporária. O desconforto é o caminho para novas percepções, transformações e alegrias.

> "O conformismo é carcereiro da liberdade
> e o inimigo do crescimento."
>
> *John Kennedy*

Aprenda a receber críticas e usá-las para sua transformação

É muito bom receber elogios, mas também é preciso aceitar críticas. Até mesmo as pedras atiradas com o intuito de nos destruir podem nos ajudar a construir castelos. Ficamos mais fortes quando reconhecemos nossos erros e nossas falhas. Críticas apontam algo sobre nós que não queremos ou não conseguimos enxergar, por isso, quando relevantes e verdadeiras, aceite-as. São uma forma de forjar um caráter ainda mais forte.

Pessoas que não suportam críticas são frágeis, incapazes de admitir que a dor muitas vezes é um processo de fortalecimento e crescimento. Quem não aceita que lhe seja mostrado um ponto fraco, um erro, sofre de um grave problema do ego: orgulho. Indivíduos com baixa autoestima ou complexo de inferioridade acreditam que uma crítica pode destruí-los, então se fecham em seu mundo para que seu castelo de vidro não se quebre. Muitas vezes, como uma forma de se defender, desenvolvem um complexo de perfeição para contrabalancear o de inferioridade e acreditam que são perfeitos. É interessante observar as artimanhas do ego inferior.

Se você tiver em mente que é forte o suficiente para encarar um erro, estará no caminho da transformação do eu. Ser humilde e reconhecer que está em constante transformação e aprendizado torna mais fácil o momento de agradecer quando alguém o critica. Entender que uma crítica construtiva é um processo de destruição do ego para que o melhor apareça e ajude a lidar com essas situações. Um escultor precisa martelar a pedra, retirando o entulho para que o belo mármore vire uma estátua perfeita.

A perfeição é alcançada após muitos golpes. Pense no ferro e seu processo de forja até virar aço. O pedaço de minério frágil é dispensado e o ferreiro utiliza apenas o que pode suportar as marteladas, o fogo, a água fria, construindo, assim, a mais perfeita das espadas. Precisamos aprender a nos transformarmos antes que a dor seja o único meio para nossa evolução. Entretanto, se tivermos de passar por ela, devemos encará-la como uma etapa necessária para a revelação de nossa beleza interior. Um ser humano que não aceita críticas não pode ser verdadeiramente grande, dizem os ensinamentos judaicos.

É uma escolha emocional analisar uma crítica de forma justa e sem autoindulgência. Veja as críticas de outra maneira a partir de agora. Analise com calma, serenidade, inteligência e até mesmo misericórdia. Seja justo com si mesmo, aceite o que é verdadeiro e descarte o que é inveja, raiva ou impertinência. Aproveite o que for útil e encare o processo todo como uma oportunidade.

É muito ruim darmos o nosso melhor e ainda assim sermos criticados, mas sempre podemos aprender algo com isso: a paciência e a tolerância com a ignorância alheia, por exemplo. Saiba separar as críticas e reconhecer a real intenção delas – podem ser bem-vindas se nos ajudarem a melhorar nosso trabalho. São excelentes flechas atiradas contra nossa zona de conforto pessoal.

Contam que Apeles, um dos grandes nomes da pintura na Grécia antiga, era bastante receptivo às críticas. Acredita-se que ele tinha a intenção de ser o maior de todos os tempos, o artista perfeito, por isso as aceitava como uma forma de constante aperfeiçoamento. Colocava-se atrás de suas obras, oculto por uma cortina, e ouvia o que os outros tinham a dizer. Certa ocasião, um homem condenou seu trabalho. Apeles, então, saiu de trás da cortina e perguntou o que estava errado. O homem apontou a sandália, disse que era sapateiro e mostrou a forma como ela deveria ser retratada. Apeles retirou o quadro e imediatamente corrigiu o erro. No dia seguinte, colocou-se de novo atrás da cortina. O mesmo sapateiro veio mais uma vez observar a obra e, percebendo que sua sugestão tinha surtido efeito, meteu-se a criticar a perna, o braço, a cabeça. Apeles saiu do seu esconderijo e proferiu uma frase que se tornou famosa: "Sapateiro, não vá além da sandália". Ou seja, precisamos saber quando uma crítica é válida ou não. Uma mera opinião dita por quem não tem conhecimento técnico sobre algum assunto deve ser desconsiderada. No entanto, aquelas que servem para aperfeiçoar a nós mesmos e ao nosso trabalho podem e devem ser bem recebidas.

....

> "Existe apenas um canto do Universo
> que você pode ter certeza de aperfeiçoar,
> que é você mesmo."
>
> *Aldous Huxley*

....

Exercícios para sair da zona de conforto

1. Já atingiu seus sonhos e, por isso, parou de buscar coisas novas? Ainda não, mas continua parado? Suas metas ainda estão fora da sua zona de conforto? Será que não está na hora de começar a se sentir desconfortável e partir em direção a um novo porto?

2. Quais situações da vida você aceitou sem lutar? Com o que já se conformou? Será que não desistiu cedo demais?

3. O que já está confortável em sua vida? Será que não é melhor começar a buscar mudanças antes que as pressões da vida destruam sua zona de conforto?

4. Você ouve críticas com gratidão? Mantém a calma e a paciência? Separa o que é valido e útil do que pode ser desconsiderado? Você é tão frágil que não as suporta ou já aprendeu a ser forte? Consegue compreender que somente aqueles que têm a coragem de encarar seus erros e deficiências podem atingir o autoaperfeiçoamento?

5. Costuma criticar em demasia como uma maneira de se esquivar das críticas dirigidas a você? Já descobriu que aquilo que criticamos nos outros, em geral, são características nossas? Já percebeu que criticamos as pessoas quando não temos a coragem de olhar para nós mesmos? Você já fez uma autocrítica sobre aquilo que precisa melhorar?

6. O que você pode melhorar no seu trabalho? Quais são as críticas que tem evitado escutar? O que tem feito de efetivo para corrigir os erros?

22º Pratique um esporte que exija equilíbrio físico, mental, emocional e espiritual

> *"O judô pode ser considerado uma arte ou uma filosofia do equilíbrio, bem como um meio para cultivar o sentido e o estado de equilíbrio."*
> Jigoro Kano

Praticar exercícios é fundamental para uma boa saúde, bem-estar, autoestima, confiança, controle, aprendizado e autoconhecimento. Revela nossos limites e nossa capacidade de ultrapassá-los, e nos mostra que podemos sempre melhorar e aprender todos os dias. Esportes são um meio de socialização, de compartilhamento de valores e princípios, de nos divertirmos e fazermos amigos. Por meio deles, entendemos que o adversário é um parceiro necessário e nos tornamos melhores graças a ele. Esse princípio também se estende para a vida. Nossas adversidades nos forjam.

A prática esportiva nos faz entender quem somos quando perdemos e quando ganhamos, conectando-nos com nossas emoções. Tanto individual como coletivamente, o objetivo do esporte vai além de apenas exercitar o corpo. É a melhor forma de testarmos nosso controle emocional, de aumentarmos o foco, a atenção e a concentração. Em muitas culturas, é o caminho para se alcançar a mente e conectar o espírito.

Um bom exemplo disso são as artes marciais, que, antigamente, eram de vital importância tanto para a autodefesa quanto para a defesa de uma nação. Os monges do Templo Shaolin alcançavam o domínio da mente e do espírito por meio delas. Quem já praticou alguma arte marcial sabe dos seus benefícios. O simples ato de dar um golpe requer equilíbrio, autocontrole, força e coordenação motora.

Um amigo e mestre de artes marciais tem uma teoria baseada em seus mais de quarenta anos como professor. Ele percebia que os alunos adultos que apresentavam dificuldade na coordenação motora e no equilíbrio não haviam feito educação física quando crianças. A relação é de fato verdadeira, porque o cérebro aprende com o corpo. A inteligência corporal cinestésica é a capacidade de utilizar o próprio corpo com grande precisão. Corpo e mente caminham de mãos dadas em nosso desenvolvimento. Quando a criança não pratica nenhum exercício, terá parte do seu desenvolvimento cognitivo comprometido.

Um esporte, não necessariamente as artes marciais, também colabora para desenvolver a inteligência cinestésica, bem como a lógica, habilidades sociais e matemáticas. Não é preciso dizer que a prática saudável de esportes, sem exageros, forma adultos mais ágeis. Todos de nossa família praticaram *tae kwon do* juntos. Além de termos aprendido muito, demos muitas risadas, principalmente com nossa mãe executando as giratórias.

Dança, balé, natação, ciclismo, esportes coletivos – como vôlei, futebol, basquete, tênis –, todos têm o mesmo grau de contribuição. Há uma enorme variedade de esportes e atividades físicas que cumprem bem os propósitos citados anteriormente. Até mesmo limpar a casa, lavar o carro, fazer jardinagem, levar o cachorro para passear (contanto que ele não puxe você pela coleira) ou simplesmente caminhar ajudam-no a se manter em atividade. Qualquer trabalho que envolva a movimentação do corpo é de grande valia. Basta usar a criatividade e evitar o sedentarismo.

....

> "Para compreender as técnicas físicas, você deve aprender que elas contêm uma porção de movimentos coordenados. Isso pode parecer bastante desajeitado para você, porque uma boa técnica inclui mudanças rápidas, grande variedade e velocidade. Colocar a essência, o coração das artes marciais em seu próprio coração e tê-la como parte de si mesmo significa uma compreensão total e o uso de um estilo livre."
>
> *Bruce Lee*

....

Não se preocupe se você não fez nada disso quando criança. Pode começar agora, aos poucos, escolhendo o que melhor se encaixe com seu estilo de vida. Vale a pena suar para ter mais disposição. O cansaço físico que o esporte traz é benéfico para o corpo e a mente. Num corpo em movimento não há muito espaço para a tristeza; uma mente ocupada em garantir o equilíbrio do corpo durante uma atividade física não pensa nos problemas, apenas foca no que está sendo realizado.

A lista de benefícios da atividade física, como o leitor viu, é extensa. Além de diminuir o estresse e a tensão do dia a dia, pode ser uma grande aliada no combate à depressão. Caso você ainda não tenha se programado, ou esteja sempre procrastinando começar um esporte, vale refletir sobre as seguintes vantagens que praticar um esporte traz ao corpo humano:

- Reduz o risco de doenças cardíacas, infartos e acidente vascular cerebral (AVC).
- Fortalece o sistema imunológico.
- Melhora a qualidade do sono.
- Promove o bem-estar e melhora a autoestima.
- Mantém o peso sob controle (se aliado a uma dieta equilibrada e disciplinada) e aumenta a massa corporal.
- Aumenta a disposição e a resistência física.
- Regula a pressão arterial e o nível de glicose no sangue.
- Aumenta a força, o equilíbrio, a coordenação motora, os reflexos e a flexibilidade.
- Fortalece os ossos e as articulações.

Do ponto de vista emocional e mental, as atividades físicas auxiliam na concentração, trabalham a paciência, a resiliência, a determinação, a alegria e a satisfação. Além disso, ensinam a conviver em equipe, a se organizar, criar senso de urgência e de oportunidade, controlar a ansiedade.

Esportes coletivos incentivam o respeito às regras, o companheirismo, a cordialidade e o espírito esportivo. A sensação de vitória em superar os próprios limites por si só já basta. Com um esporte bem praticado aprendemos a vencer a nós mesmos.

Você com certeza conhece pessoas que já sabem de tudo isso, mas têm horror à atividade física. São aquelas que tiram o carro da garagem para irem à padaria que está apenas a três quadras de onde moram. O sedentarismo é um problema de saúde pública, atingindo pelo menos 46% da população brasileira.

Diversos estudos mostram que as pessoas que praticam esportes regularmente, porém sem excessos, aumentam a expectativa de vida em mais de 14%. Profissionais que costumam correr ou exercitar-se antes do expediente tendem a ser mais produtivos e atentos, faltam menos no trabalho, são disciplinados, cumprem horários e melhoram sua gestão do tempo. Envelhecem com mais saúde e são menos propensos a ficarem doentes.

A relação corpo, mente, emoções e espírito

A alma e o espírito se manifestam por meio das ações da mente, das emoções e do corpo (que é o abrigo dos nossos órgãos). Quando uma atividade física exige um grau elevado de esforço, unimos mente, emoções e espírito para atingir um resultado.

Em 2008, um bombeiro americano chamado Chris Hickman, ao prestar socorro em um acidente de carro, conseguiu erguer um Chevrolet a 30 centímetros do chão para que sua equipe pudesse retirar as vítimas das ferragens. Anos antes, em 1982, Angela Cavallo, de meros 65 quilos, havia levantado um Chevrolet Impala de 1,5 mil quilo para salvar seu filho, que havia ficado preso embaixo do automóvel enquanto ela o consertava. A esse feito iguala-se o do halterofilista soviético Leonid Taranenko, que, em 1988, realizou a proeza de levantar 266 quilos em uma competição em Canberra, na Austrália.

Esses episódios reforçam a ideia de que somos mais fortes do que pensamos e de que, em situações extremas, há um alinhamento entre o corpo, a mente, as emoções e o espírito para que possamos enfrentar o perigo.

A prática do esporte é a melhor maneira de incrementar nossa força interior. Somente quando o corpo chega ao limite, a mente assume o controle. Quando ela consegue controlar as emoções, focamos na sobrevivência. Após enviar um alerta para o corpo, as glândulas suprarrenais secretam quantidades abundantes de adrenalina, o hormônio responsável por preparar o organismo para a realização de grandes feitos e esforços físicos. O coração é então estimulado, elevando a tensão arterial. A adrenalina também relaxa certos músculos e contrai outros. O raciocínio fica mais acelerado e a visão mais apurada devido à dilatação das pupilas, o pulmão funciona melhor. Todas essas alterações foram de extrema importância para a sobrevivência humana nos períodos pré-históricos, e, atualmente, continuam sendo de igual valia, apesar de não precisarmos mais participar de caçadas por alimento.

Poucos conseguem entrar em tamanha comunhão. Há raras exceções, porém, como no caso de atletas que quebram recordes ou daquelas pessoas que passam por situações extremas de vida ou morte. A ideia não é se colocar em uma posição de risco ou forçar seu corpo, mas, sim, manter o equilíbrio e praticar atividade física com moderação para obter dela todos os benefícios; assim, você aprenderá a importância do equilíbrio na vida por meio dos movimentos e da atenção focada.

Talvez nunca precise, mas, caso passe por uma situação extrema, saiba que pode fazer mais do que acredita. Quando encontramos nosso poder com a união do corpo e da mente, as emoções e o espírito, todas as crenças limitantes e barreiras se extinguem.

. . . .

"Os médicos e cientistas disseram que correr um quilômetro e meio em quatro minutos era impossível e que morreria ao tentar. Assim, quando me levantei da pista depois de cair, achei que estava morto."

Roger Bannister

. . . .

Exercícios para começar a se movimentar

1. Você é sedentário? Que tal começar a praticar alguma atividade física? Comece aos poucos, faça o que mais gosta. Chame sua família e amigos para incentivá-lo. Divirta-se!

2. Mesmo que já pratique alguma atividade física, procure experimentar outra, principalmente uma que exija equilíbrio físico. A ioga é sempre uma boa opção, pois há posições que inevitavelmente forçam a utilização da mente, do corpo e das emoções.

3. Respeitando os limites do bom senso e do equilíbrio, que tal ao menos uma vez quebrar as suas crenças e forçar um pouco mais nos exercícios? O corpo foi feito para trabalhar. Está nos nossos genes. Somente ultrapassando seus limites você descobre o poder dentro de si.

23º Aprenda a lidar com seu dinheiro e planeje o seu futuro financeiro

> *"O dinheiro é uma felicidade humana abstrata; por isso, aquele que já não é capaz de apreciar a verdadeira felicidade humana dedica-se completamente a ele."*
> ARTHUR SCHOPENHAUER

Qual é a sua relação com o dinheiro? Boa ou complicada? O que você pensa a respeito dele? Qual a importância que ele tem em sua vida? Que correspondência possui com a felicidade e o equilíbrio?

A relação que temos com o dinheiro é muitas vezes mais complicada do que muitos relacionamentos, com mais reviravoltas do que namoro de adolescente. Uma hora o amamos; em outra, o odiamos. Acreditamos que não podemos viver sem ele, mas depois voltamos com toda a força a desejá-lo. Muitos acreditam que ele é um mal necessário; outros sentem uma espécie de repulsa por achar que ganhar muito dinheiro é sujo ou desonesto. Há quem acredite que ele é a invenção do diabo, por isso é preciso ter uma vida espiritualizada apenas com o suficiente para sobreviver.

Todas as ideias que temos sobre dinheiro construíram nossas crenças que hoje regulam a forma como o ganhamos ou perdemos. Era comum ouvir de nossos pais que deveríamos lavar as mãos depois de pegarmos no dinheiro, porque era sujo. Crescemos o associando a algo imundo que nos contaminaria se o tocássemos. Sempre ouvimos a expressão "dinheiro não traz felicidade", mas, ao mesmo tempo, alguém completa com "mas manda buscá-la". É muita confusão de sentimentos e pensamentos.

As religiões ajudaram ainda mais a confundir a ideia que temos sobre dinheiro, e poucas são as que falam dele como uma forma de energia divina. Parece que alguns dogmas querem instalar o sentimento de culpa nas pessoas caso elas enriqueçam, mas dependem daqueles que realizam doações para sustentar todo o trabalho das organizações.

O fato é que precisamos de dinheiro, a menos que nos retiremos totalmente da vida em sociedade, na qual ele se faz necessário. Ou seja, sempre teremos de lidar com ele. Um ermitão, um monge que se enclausura, ou uma freira buscam outros tipos de riqueza, que só podem ser alcançados com profundo sacrifício. Para eles, viver sem dinheiro não é nem uma tristeza nem uma alegria, mas apenas um meio de encontrar o que a fortuna não pode comprar nem trazer.

Se você não tem a intenção de ir para uma caverna, isolar-se de tudo e de todos, e acredita que o dinheiro seja importante para o bem-estar e a tranquilidade, aprenda a lidar com ele de forma a conquistar equilíbrio e segurança no presente e no futuro.

O dinheiro sempre terá o seu valor e a sua importância. Mesmo que você não concorde, o mundo irá ditar as leis que o regem. Devemos, portanto, entender como elas funcionam e como vamos nos adaptar a elas.

> "O dinheiro é a coisa mais importante do mundo. Representa saúde, força, honra, generosidade e beleza, do mesmo modo que a falta dele representa doença, fraqueza, desgraça, maldade e fealdade."
>
> Arthur Schopenhauer

As principais leis do dinheiro

1ª O dinheiro tem a exata importância que você atribui a ele

Há momentos na vida em que o dinheiro não é prioridade; em outros, porém, sua escala de importância muda. O quanto tê-lo é fundamental para você? É mais importante que a sua saúde, que o tempo com a família e os amigos? Mais que a paz de espírito? E se você não tiver dinheiro?

Trabalhar para aumentar sua renda não precisa significar a perda daquilo que tem valor em sua vida, mas, para que isso ocorra, deve-se pensar em equilíbrio e traçar linhas de separação e estipular escalas de prioridades e limites.

2ª A importância que os outros dão ao dinheiro pode influenciar o seu modo de pensar e agir. Decida o que é válido ou não

Consciente ou inconscientemente aceitamos a ideia que os outros têm do dinheiro, e isso pode nos influenciar. Vivemos em uma sociedade construída à base de aparências e consumismo; para muitos, ter um iPhone de última geração é mais importante do que pagar um curso para um filho. Precisamos saber o que para nós é válido e útil quando pensamos no dinheiro. Qual o estilo de vida que você quer ter? Será que ele não é a cópia de alguém que goste de ostentação, mas que não representa a sua verdade?

3ª O dinheiro é sempre presente, eterno e disponível. Abundância ou escassez é problema seu

A noção de dinheiro é muito mais antiga do que os historiadores costumam ensinar. Não há uma origem certa e comprovada de onde ele surgiu, nem a data exata. Joias e objetos de valor foram encontrados em túmulos que datam de muito antes da Antiguidade clássica. Em toda a história da humanidade coexistiram os ricos e os pobres.

Nas grandes crises financeiras, há sempre uma troca: alguns pobres se tornam ricos e alguns ricos se tornam miseráveis. Neste exato momento, o dinheiro é abundante para alguns e escasso para outros. A diferença está na forma como o ganhamos, lidamos com ele e o investimos. Uma ideia pode mudar sua situação financeira e existem milhões à espera de um bom plano de negócios.

4ª Ganhar e fazer dinheiro significam a mesma coisa. O que muda é o que se faz com ele depois que o recebe

As expressões "ganhar dinheiro" e "fazer dinheiro" geram uma discussão desnecessária. Acredita-se que quem faz dinheiro é a Casa da Moeda; nós precisamos ganhá-lo. No entanto, um escultor que produz suas peças, por exemplo, e as vende não está fazendo dinheiro? Há quem acredite que ganhar está desassociado do mérito, porque podemos ganhar uma herança ou uma quantia na loteria. Então, quem vence uma luta, uma competição, um concurso e recebe um valor em dinheiro não tem mérito? Não importa se você ganha ou faz – o objetivo é o mesmo.

5ª O dinheiro compra o que pode ser comprado e proporciona o que você quiser: pode ser felicidade momentânea, mas também problemas

De acordo com os filósofos, o dinheiro não é essencial para a felicidade, mas é fundamental, pois é um meio de se conquistar pequenos momentos efêmeros de alegria.

No entanto, ele pode trazer problemas, como risco de assaltos, inveja, cobiça, ódio e disputa entre herdeiros. Tudo porque cada um tem um modo de atribuir a ele um valor maior do que realmente tem. Acredita-se que o dinheiro pode mudar a vida de um indivíduo, mas há muitas pessoas ricas que passam por grandes adversidades, seja de ordem psíquica ou física. Já quem não tem nenhum bem material deseja o que não pode e sofre com isso.

Há coisas que o dinheiro não pode comprar, como o amor e a amizade. Como diria Homer Simpson: "Nem todo o dinheiro do mundo pode comprar um dinossauro".

6ª O dinheiro não escolhe pessoas estúpidas ou sagazes, mas sempre permanece com as inteligentes

É um fato que as grandes fortunas herdadas se esgotam, em média, na terceira geração de uma família. A primeira as constrói, a segunda consegue mantê-la (e uma pequena porcentagem a amplia), mas a terceira acaba por dissipar tudo o que as anteriores conquistaram.

Para o dinheiro, não importa se seus donos são belos ou feios, se possuem formação superior, se são religiosos ou não. Ele vai para quem trabalha para consegui-lo ou tem a sorte de ganhá-lo, como na loteria. Contudo, permanece nas mãos dos inteligentes que irão protegê-lo, multiplicá-lo, guardá-lo e investi-lo em negócios duradouros.

7ª O dinheiro não gosta da pobreza. Prefere ficar entre seus iguais

A expressão "riqueza atrai riqueza" é 100% verdadeira. Pela lei do magnetismo, o dinheiro sempre busca seus iguais. Pessoas que conseguem juntá-lo e acumulá-lo sempre são procuradas por aqueles que têm boas ideias para multiplicá-lo. Quanto mais dinheiro, maior a probabilidade de rendimento e multiplicação; quem o tem aprendeu a lidar com ele e goza de seus benefícios, o que colabora para uma mentalidade próspera e rica. A percepção e intuição para ganhos aumentam.

8ª O dinheiro precisa de constantes cuidados e atenção. Como um cônjuge insatisfeito, procurará quem saiba tratá-lo melhor

Poupar dinheiro ou guardá-lo embaixo do colchão não é a forma mais inteligente e cuidadosa de tratá-lo. Como um amante carente, ele fugirá para os braços daqueles que dão mais carinho e atenção, que investem nele. Por isso, aprenda sobre investimentos para fazê-lo render e crescer. Buscar informações e auxílio de pessoas experientes é importante, porém o segredo é nunca confiar cegamente no conselho de *experts*. Você não pode deixar seu cônjuge em situações que possam propiciar oportunidades de traição. O melhor é sempre ficar atento. Ouça os outros, mas siga sua intuição e experiência.

9ª Perder ou ganhar é sempre o resultado das suas escolhas

É comum dizer que perdemos dinheiro com algum investimento ou porque não fizemos nada com ele. Na verdade, o dinheiro nunca se perde; nós é que deixamos de ganhá-lo porque fazemos escolhas incorretas. Há quem saia pela rua e perca dinheiro, mas com certeza outro vai achá-lo. Se invisto numa carteira recomendada que não alavanca, apenas quem ganha com meu erro é o fundo em que investi.

10ª O dinheiro irá se relacionar com você de acordo com o que pensa e sente a respeito dele

As pessoas lidam com o dinheiro de várias formas: amando-o ou odiando-o; sendo seu escravo ou senhor. Alguns o rejeitam, outros o ignoram, e muitos vivem correndo atrás dele sem nunca o alcançar. Milhares desconhecem como viver com ou sem ele. Precisamos colocar o dinheiro no seu devido lugar. E qual seria ele em nosso pensamento e coração? Quanto tempo dedicamos a ele? Quanto nos interessamos por entender suas leis?

Pensar e sentir fazem toda a diferença. Se você pensa no dinheiro como um mal necessário e sente que é algo sujo, terá mais dificuldade em ganhá-lo ou fazê-lo, além de mantê-lo. Se o odeia ou ama em demasia, ficará com a vida desequilibrada. O dinheiro é apenas um pedaço de papel. O ouro é só um minério. Eles não falam, ouvem, veem, julgam. Como diria Protágoras, "O homem é a medida para todas as coisas". O ser humano é quem decide qual a sua importância e valor, o quanto pode nos prejudicar ou auxiliar.

Essas dez leis facilitam o entendimento de que a felicidade que o dinheiro nos traz só pode ser alcançada com o equilíbrio. Deve-se amá-lo na medida do que pode nos proporcionar bens, sem torná-lo objeto de adoração. Cuide dele sem que isso cause preocupação desmedida. Não o rejeite nem ignore, mas agradeça quando aparecer. Não ignore uma moeda que você encontrar na rua, porém não corra perigo por causa dela. Não odeie o dinheiro quando ele é escasso, tampouco o amaldiçoe se sofrer perdas. Procure compreender que o jogo de altos e baixos é uma forma de ganhar dinheiro, atingir um estado tranquilo e aprender com as experiências. Controle seu fluxo, tenha metas de segurança e aprenda suas artimanhas.

> "O dinheiro não traz felicidade para quem não sabe o que fazer com ele."
>
> *Machado de Assis*

Planeje o seu futuro financeiro

Quando afirmamos que uma empresa alcançou seu ponto de equilíbrio, significa que ela não está tendo prejuízo nem lucro. Esse conceito, porém, é sufocante. Quem vive no ponto zero não gasta mais do que ganha, mas só ganha o suficiente para pagar os gastos. Isso é viver na corda bamba, porque qualquer movimento pode desequilibrar (emocionalmente)!

Quantas pessoas perdem o sono porque estão sempre no negativo? Atingir o ponto de equilíbrio na empresa é um alívio, mas é viver no fio da navalha. Estar realmente em equilíbrio significa sentir-se tranquilo, o que só ocorre quando se controlam os gastos, mantendo-os abaixo dos ganhos.

Aprender a controlar o fluxo de gastos e ganhos é o caminho para a estabilidade. "Se eu não posso medir, não consigo administrar", como diria o célebre Peter Drucker. As pessoas perdem o controle do dinheiro porque não têm o hábito de anotar o quanto gastam, com o que e onde o fazem. Além disso, não possuem metas financeiras, as quais ajudam a evitar gastos e compras desnecessários. Aprenda um pouco mais sobre investimentos, ganhos e perdas. Isso é importante.

Certa vez, conversando com uma pessoa do setor administrativo de uma empresa, notamos que ela desconhecia que o FGTS rendia menos do que a poupança. Isso é verdade para a maioria da população, pois não há o costume de se estudar o que se pode fazer para o dinheiro render.

É preciso planejar o futuro para se livrar de aborrecimentos, frustrações e arrependimentos. Quantas vezes você não se pegou dizendo: "Nossa, eu deveria ter feito isso ou aquilo com meu dinheiro. Agora não tenho mais idade para isso"? Ou então: "Ah se eu pudesse voltar atrás!". Chegar ao fim da vida tendo dívidas ou realizando esforços hercúleos para sobreviver é o resultado de uma trajetória sem nenhum planejamento financeiro ou economia. Aqueles que não conseguem controlar seus impulsos e desejos esbanjam com coisas desnecessárias. E dinheiro que fará falta no futuro.

O desespero que uma dívida gera tira de nós toda esperança, alegria e capacidade de pensar de forma livre de receios, temores, dúvidas. Em contrapartida, a felicidade de quem se aposenta sem receios de nenhuma espécie com relação ao seu dinheiro não tem preço.

Mesmo que você esteja em uma situação financeira complicada, poderá sempre recuperar o dinheiro se compreender suas leis e aprender com os erros do passado. Traçar metas e reavivar o sonho de ter prosperidade ajuda a fazer as pazes com o dinheiro. Ele gosta de luxo, do bom e do melhor, e prefere pessoas otimistas. No fundo, serve àqueles que querem se servir dele para serem felizes.

Muitas pessoas que perderam suas fortunas descobriram outros valores, refletiram acerca de seus sentimentos com relação ao dinheiro e chegaram a novas formas de recuperá-lo sem o estresse e a loucura que as preocupações geram. Todo final de ciclo é um recomeço. Invista em ser mais sábio a cada dia, adquira experiência e aprenda outros ofícios. Nunca podemos colocar todos os ovos na mesma cesta. Adquira novas competências e baseie sua riqueza não apenas nos valores monetários ou bens materiais, mas também nos bens imateriais e no desenvolvimento de seus talentos seguindo as dicas valiosas desta lista:

1. Entenda as leis do dinheiro.
2. Dê ao dinheiro o seu valor e a sua importância.
3. Reveja seus conceitos relativos ao dinheiro.

4. Faça cursos para aprender a gerenciar melhor seu dinheiro.
5. Tenha metas financeiras claras e realistas.
6. Saiba o que o dinheiro pode comprar e o que não pode.
7. Adquira o hábito de controlar os gastos e ganhos.
8. Separe as finanças pessoais das finanças da empresa.
9. Invista seu dinheiro para aprender outros ofícios e trabalhos.
10. Seja feliz com o dinheiro sabendo que ele é um meio, e não um fim.

> "Se o dinheiro for a sua esperança
> de independência, você jamais a terá.
> A única segurança verdadeira consiste em
> uma reserva de sabedoria, de experiência
> e de competência."
>
> *Henry Ford*

24º Faça um pouco mais sem precisar gastar mais horas

> *"Você pode começar exatamente onde está e aplicar o hábito de ir à milha extra, prestando mais serviço e melhor serviço do que aquele para o qual está sendo pago agora."*
>
> NAPOLEON HILL

Um dos conceitos mais brilhantes e poderosos que Napoleon Hill registrou em seu clássico *A lei do triunfo* diz respeito a caminhar a milha extra. Para aqueles que não estão familiarizados com a expressão, ela significa fazer sempre mais e melhor do que aquilo para o qual você é pago. Além disso, também significa fazer sempre o melhor que puder em qualquer serviço ou trabalho, mesmo que não seja remunerado.

O termo se popularizou em todas as empresas do mundo. É a forma mais segura para um indivíduo ser notado pelo seu trabalho e, por consequência, ser promovido e ganhar muito mais do que o salário atual. Mesmo que a pessoa esteja em uma organização que não valorize os que possuem esse hábito fundamental, e mesmo que você tenha um superior que não queira valorizá-lo, ainda assim é a maneira mais eficaz de ser destacado, notado e promovido. Funciona como se o cosmos tivesse seus próprios olheiros que não deixam passar despercebido quem desenvolve essa prática.

O melhor exemplo da irrefutável lei do triunfo é o piloto de Fórmula 1 Ayrton Senna. Ele sempre voltava à pista para ver se conseguia superar seu tempo, era atento a tudo o que acontecia com a equipe e fazia questão de acompanhar de perto o trabalho de todos. Se a milha extra é fazer mais e melhor, sempre buscando superar a si mesmo, ninguém simboliza esse conceito melhor do que Senna.

Com segurança, podemos dizer que aqueles que alcançam o sucesso em um nível maior do que todos os outros fizeram uso dessa lei. Basta realizar uma breve pesquisa sobre a vida de todos os grandes personagens da história e de vários ramos da atividade humana para percebermos que tinham o mesmo ponto em comum: o desejo de ultrapassar seus próprios limites e ir além. Veja os cientistas que, após horas em laboratórios, fornecerem ao mundo as mais importantes descobertas da ciência. Ou os atletas de altíssimo desempenho que nunca param o treino sem antes chegarem ao limite, para ultrapassá-lo no dia seguinte.

Já lemos nos capítulos anteriores que há momentos em que é necessário dar uma carga maior e colocar maior intensidade para atingir um resultado que ninguém nunca conseguiu. É difícil mantermos a velocidade estável, e precisamos ir até onde os motores aguentam.

É necessário compreender bem o conceito de milha extra aliado à proposta de uma vida equilibrada. Neste livro, falamos o tempo todo de equilíbrio e de como, às vezes, perdê-lo é uma forma de aprender e de se reconstruir. A vida é assim, mas podemos vivê-la da melhor maneira possível. E qual seria ela? Não cometendo os mesmos erros e aprendendo com as falhas dos outros.

Muitos atletas de vários esportes diferentes morreram devido à falta de informação a respeito do uso de substâncias químicas anabolizantes e por não saberem como treinar direito. Alguns anos atrás, ainda não se pesquisava a fundo a respeito desses malefícios, porém há muitos estudos atualmente. Por essa razão, e sabendo dos riscos, poucos são os que querem cometer os erros do passado. Só os estúpidos acreditam que nada vai acontecer com eles.

Precisamos aprender a ter o bom senso e um senso de importância apurado para sabermos quando é necessário ir além a fim de atingir uma meta. Ou seja, quando ultrapassar nossos limites com os momentos de descansar e curtir nossas conquistas?

Ninguém consegue, ainda que queira, se manter ativo todo o tempo, na potência máxima. Todo bom piloto sabe que pode fundir o motor. Portanto, deve-se avaliar e tornar claro se, para ultrapassar uma barreira ou atingir uma posição superior, é preciso trabalhar horas a mais que os outros, se privar de descanso e lazer ou se, pelo contrário, não é preciso evitar o desequilíbrio. É sábio buscar fazer o necessário para alcançar a vitória.

> "No fim, é o esforço extra que separa o primeiro do segundo lugar. É preciso desejo, determinação, disciplina e sacrifício. Se juntarmos tudo, mesmo se não ganharmos, é impossível perder."
>
> *Jesse Owens*

O conceito de milha extra é fazer sempre mais e melhor do que as pessoas esperam. É não se contentar em realizar o que foi combinado com seu empregador, mas o que deve ser feito com perfeição e mais do que o esperado. É como se ele fosse forçado a reconhecer seu trabalho. E, se quiser mantê-lo, terá de aumentar seus ganhos como forma de reconhecimento. O mesmo vale para um autônomo ou um artista que presta um serviço diferenciado. Basta olhar para uma obra de Michelangelo que você vai entender.

Realmente é necessário fazer hora extra?

Existe uma forma equivocada de pensar na milha extra. Muitos erroneamente acham que, para percorrê-la, é preciso cumprir hora extra no trabalho. Os empreendedores caem comumente no mesmo erro de permanecer mais horas do que o necessário em suas empresas.

É corriqueiro dizermos àqueles que querem largar o emprego e empreender que devem ter a consciência de que, para que a empreitada dê certo, precisará trabalhar mais do que se estivesse em seu antigo cargo. Em média, os novos empreendedores dedicam de doze a dezesseis horas por dia à sua nova empresa ou ideia de negócio.

Podemos imaginar que, assim, deixam várias coisas para trás. É óbvio. Ou está dormindo menos, ou comendo em quinze minutos, ou deixando de estudar, de se exercitar, privando-se de momentos com a família e os amigos. Isso deve durar de dois a quatro anos. Muitas pessoas que pensam em sair do emprego para trabalhar como e quando quiserem acreditam que é fácil ser seu próprio patrão. Acabam descobrindo, porém, que empreender não é tão fácil quanto parece e que uma empresa em formação demanda tempo, energia e cuidados. O negócio precisará de muita dedicação e empenho para chegar à fase adulta de forma independente e autônoma.

É muito tênue a linha que separa o necessário para caminhar a milha extra e o exagero que funde o motor. O problema é que muitos só percebem que passam dela tarde demais.

É muito fácil notar as consequências depois que o pior acontece. A pessoa passa muito tempo trabalhando, não dorme direito, não se exercita e se alimenta mal. Como consequência, engorda demais ou desenvolve problemas de saúde que a fazem se afastar de seu trabalho. Então, ela percebe que não valeu a pena tanto tempo em uma única atividade. Finalmente, entende que deveria ter feito diferente. Quando conseguir associar o efeito às causas, será alguém sábio capaz de aprender com os erros. Muitos, contudo, não têm essa noção mesmo depois de sofrerem e se prejudicarem.

Fazer a milha extra não precisa exigir sacrifício do seu equilíbrio e do seu tempo com a família, desde que você seja inteligente e utilize o seu tempo para produzir mais e melhor sem cumprir hora extra. Potencialize a produtividade do seu tempo fazendo uso de todas as técnicas possíveis, inclusive as descritas neste livro. Produza tendo como armas todo o seu potencial, mas não se esqueça de cuidar dos aspectos da vida para manter o equilíbrio.

Há fases em que é importante se dedicar um pouco mais no trabalho para fazer a milha extra, mas ser produtivo de verdade e mestre da sua gestão do tempo significa mostrar competência sem precisar passar do horário do expediente. Isso é possível.

Gestão do tempo equilibra o pessoal com o profissional e nos faz sermos produtivos. A Triad realizou várias pesquisas sobre o tema, e uma delas mostrou que as pessoas enrolam até três horas por dia no trabalho. Muitas perdem o foco, deixam as coisas para a última hora. Se aproveitassem de verdade o tempo, não precisariam permanecer na empresa além do horário nem teriam de levar trabalho para casa. Se isso está acontecendo constantemente, então é preciso investigar a fundo as causas e os motivos. Fora eventos circunstanciais ou emergenciais que nos tiram do rumo planejado, não é necessário fazer essa confusão entre milha extra e hora extra.

A lei do triunfo e o equilíbrio do tempo não são conceitos opostos desde que você consiga fazer mais e melhor no horário disponível, ou trabalhar de tal maneira eficaz e notável que consiga se destacar sem que falte tempo para outras coisas. Fazer mais e melhor no tempo adequado é uma questão de desenvolver seus talentos ao ápice. O pintor renascentista Rubens pintou um mural lindíssimo em um tempo recorde em comparação aos outros mestres da arte.

Quando você estiver com dúvida se está ultrapassando a linha, ouça sua intuição para saber a hora de parar ou permanecer um pouco mais ou muito mais, de dar tudo ou de desacelerar. Saber escolher o que é mais importante no momento faz toda a diferença.

Duas histórias sobre a milha extra e hora extra

Em um dos livros de Napoleon Hill, o autor conta a história de um homem que se tornou o vice-presidente de uma gigantesca companhia pelo simples fato de sempre ser o último a sair do escritório. Na verdade, ele sabia o que estava fazendo. Tinha um objetivo ousado e, para concretizá-lo, percebeu que, se demonstrasse ao chefão que estaria ali para ajudá-lo depois do expediente, se destacaria dos impacientes pelo término do dia de trabalho.

O homem sempre ficava depois que todos saíam e esperava até o chefe ir embora. Perguntava ao patrão se este precisava de mais algum serviço seu. Hoje, ou melhor, já naquela época, o senso comum tinha um termo para isso: puxar o saco. Essa atitude, porém, muitos veem de forma negativa.

Esse funcionário incomum conseguiu a atenção e o reconhecimento de um dos homens mais bem-sucedidos e ricos de todos os tempos. Esse mesmo patrão passou a contar sempre com a disposição dele e começou a delegar funções e responsabilidades que serviram para mostrar que era capaz de percorrer a milha extra. Em pouco tempo, e por seus méritos, acabou se tornando o segundo homem de toda a corporação, com um salário muito superior ao que recebia.

O homem se aposentou milionário. Seus antigos companheiros de trabalho não alcançaram a fortuna e continuaram trabalhando até idade avançada enquanto o "puxa-saco" curtia a vida viajando e jogando golfe.

> "O homem que faz mais do que aquilo para o qual ele é pago em breve será pago por mais do que ele faz."
>
> *Napoleon Hill*

Um funcionário de uma empresa que está prestes a se casar é estagiário há três anos. Seu horário de chegada é às 9 horas da manhã, mas ele sempre se atrasa meia hora. Costuma apresentar, porém, excelentes justificativas para tanto. Além disso, durante seu expediente, se preocupa muito com o lado pessoal e aproveita, com muita "sabedoria", o tempo para realizar tarefas referentes aos seus estudos ou aos preparativos do casamento. Quando faz as visitas aos clientes que precisa conquistar, aproveita para comprar alguma coisinha. Ele ainda não sabe por que não foi efetivado e acha que vai conseguir um aumento de salário.

Além de não cumprir os horários, em geral, não termina suas tarefas a tempo e está perdido com suas funções. Não demonstra disposição nem boa vontade com seus empregadores, tampouco é prestativo com os parceiros de trabalho. Vive com o pensamento desfocado e não sabe muito bem lidar com críticas construtivas que seus colegas apontam. Ele acha que estão querendo derrubá-lo, não compreende que o estão ajudando a se fortalecer e crescer como pessoa e profissional.

Um pouco antes de terminar o expediente, ele já está pronto para ir embora. Jamais ficou depois do horário, mesmo quando precisou. Em uma crise financeira, é o primeiro a ser demitido, porque é dispensável. Foi um verdadeiro milagre ter permanecido tanto tempo no emprego. No entanto, ele está feliz. Finalmente, depois de três anos procurando emprego, decide que é hora de empreender e abrir a própria empresa. Já contratou duas estagiárias, que, como ele, não querem saber de caminhar a milha extra. Ele se irrita todos os dias com a falta de comprometimento e iniciativa das duas! Nada como a vida para mostrar, a partir dos outros, o que nós deveríamos ser e fazer.

....

> "A maioria das pessoas
> só aprende as lições da vida
> depois que a mão dura do destino
> lhe toca no ombro."
>
> *Napoleon Hill*

....

Exercícios para descobrir se você está correndo a milha extra ou a hora extra

1. Quando você realiza um trabalho, entrega da maneira que lhe foi pedido ou procura sempre melhorar e surpreender? No seu próximo trabalho procure surpreender, faça mais do que o esperado.

2. Costuma ser elogiado pelas pessoas porque está sempre dando o melhor de si? Mesmo que não seja elogiado ou reconhecido pelos outros, tem o hábito de voltar para a pista para melhorar seu tempo na corrida? Na sua próxima tarefa, procure dar o melhor de si. Veja se há algo que possa melhorar.

3. Consegue realizar seu trabalho no tempo certo e de forma notável? Está sempre fazendo melhor e em menos tempo, alcançando o ápice dos seus talentos? Escolha um trabalho ou atividade que faça corriqueiramente, meça o tempo que leva para concluí-lo,

procure realizá-lo em menos tempo e com a mesma qualidade da próxima vez.

4. Você desperdiça seu tempo com o que é irrelevante ou deixa tudo para a última hora? Faça uma lista com pelo menos três coisas irrelevantes que acaba fazendo você perder tempo e elimine-as da sua vida.

5. Tem o hábito de sempre ficar depois do expediente, executando tarefas que não conseguiu completar no horário normal, pois perdeu o foco muitas vezes? Aumente sua capacidade de foco evitando fazer muitas coisas ao mesmo tempo. Priorize uma atividade por vez e não faça nenhuma outra até que termine a primeira.

6. Costuma deixar atividades importantes de lado porque se dedica demais a algum projeto? Liste três aspectos importantes relacionados ao seu equilíbrio pessoal e familiar. Depois, crie ações ou tarefas para realizá-las, estipulando um prazo para executá-las.

7. Quando inicia um projeto, costuma se isolar e não se relacionar com ninguém até que tudo esteja pronto, mesmo que isso possa prejudicá-lo mental ou emocionalmente? Estabeleça paradas planejadas e aproveite pequenos momentos para socializar com amigos e familiares.

8. Suas ações estão conectadas com uma meta maior e, por isso, você se permite algumas privações necessárias? Analise o que considera privações necessárias.

9. Você já aumentou seus ganhos financeiros ou foi promovido? Planeje no mínimo três ações para aumentar seus ganhos. Crie uma lista de novos hábitos que vão aproximá-lo de uma promoção.

10. Você tem boa vontade e proatividade e costuma ser reconhecido por sua iniciativa? Da próxima vez que alguém pedir sua ajuda para algo que sempre fez com má vontade, mude o sentimento e faça com toda a boa vontade do mundo.

25º Tome a iniciativa

> *"Em relação a todos os atos de iniciativa e de criação,*
> *existe uma verdade fundamental cujo desconhecimento*
> *mata inúmeras ideias e planos esplêndidos: é que, no momento*
> *que nos comprometemos definitivamente,*
> *a Providência move-se também."*
> JOHANN GOETHE

Um dos principais fatores para o sucesso pessoal e profissional é a iniciativa. Ninguém consegue realizar nada se não der o primeiro passo. Uma gigantesca parcela da população apenas espera ordens ou aguarda alguém começar um projeto para depois seguir. Não há nada de errado em seguir outras pessoas, contudo a iniciativa é uma habilidade essencial para o desenvolvimento pessoal e profissional do indivíduo. Sem conquistar tal competência, sempre haverá lamentação por não ter agido ou tentado fazer algo de útil. Quem toma a iniciativa se destaca e aprende muito mais do que aqueles que ficam apenas imaginando o que poderiam ter feito.

Perceba quantas oportunidades são perdidas porque alguém não consegue agir por conta própria e antes dos outros terem as mesmas boas ideias. Muitos perdem a chance de promoção ou até mesmo de conquistar o amor de alguém. Há um tempo para pensar e um para agir. Se perdemos o de agir, perdemos também a possibilidade de realizarmos algo. Assim a vida vai passando e, em vez de colecionarmos experiências, acumulamos frustrações e arrependimentos.

A falta de iniciativa provém do medo de errar ou da incapacidade de imaginar o que pode dar muito certo. A pessoa que durante a primeira fase da infância foi estimulada a empenhar-se sem se preocupar com os erros e foi motivada a aprender com sua iniciativa possui uma vantagem sobre as demais. Quem foi criticado ou tolhido ao experimentar por conta própria sofre com a falta de sucesso em seus empreendimentos. Indivíduos que não foram estimulados a agirem com presteza são tímidos ou possuem medo de seguirem seus sonhos mais ousados. Mesmo que não se tenha sido encorajado durante a juventude a ser proativo, sempre é possível criar esse modelo mental ao se dar conta do que se pode ganhar tomando a iniciativa e do que já foi perdido por não ter se desenvolvido como deveria. Todo início é difícil, mas, ao mesmo tempo, o fato de tentar ser o primeiro traz em si uma energia conquistadora e uma grande animação. A palavra ânimo está inserida no significado de iniciativa, que é uma ação baseada em uma disposição natural para se fazer algo antes dos demais. A história sempre se lembrará daquele que chega primeiro, mesmo que depois seja superado por alguém com um resultado melhor. Por essa razão, siga os cinco passos que apresentamos neste capítulo para desenvolver sua capacidade de ter iniciativa e não perder tempo se lamentando pelo que deveria ter feito.

1º Procure ser o primeiro, mesmo que você possa errar

Se você possui sérios problemas em tomar a iniciativa, é porque tem muito medo de errar ou exige que tudo saia perfeito. Essas duas situações são causadas pelo medo de errar e de ser julgado pela sua performance. Ninguém que faz algo pela primeira vez acerta tudo, e quem o faz logo de primeira pode, sim, contar com a sorte ou com uma grande experiência que não revela para ninguém. O importante, desse modo, é desenvolver em você a energia da iniciativa. Arrisque-se e se jogue para ser o primeiro em alguma coisa, mesmo que você erre, e erre feio. Quem ri dos erros dos pioneiros com certeza não teve a coragem e velocidade para ousar. Siga em frente e saiba que a iniciativa é um aprendizado constante e que só quem aposta adquire experiência necessária para errar cada vez menos.

2º Procure pensar e agir no tempo certo

O tempo é muito importante para a iniciativa. Ele é como um duelo do Velho Oeste: há sempre o momento exato em que não podemos agir de maneira muito precipitada nem demorar demais. Contudo, a ideia é fazer antes dos demais mesmo que você não esteja muito certo de que vai acertar. Se você conseguir pensar com clareza o que pode dar certo ou errado e seguir adiante, porém, terá grande vantagem sobre os demais.

A velocidade de raciocínio é fundamental, e ela só vem com os erros e acertos de quem tem o ânimo de querer ser o primeiro. Treine ser o primeiro, mas aprenda a pensar rápido na melhor forma de realizar seus objetivos. Não fique esperando muito tempo que ela apareça na sua mente, porque demora demais e alguém tomará a iniciativa na sua frente.

Se por ventura alguém fizer antes de você e cometer um grande erro, extraia o aprendizado, reformule o mais rápido possível sua estratégia e aja de maneira assertiva. A ideia não é acertar de imediato. O que estamos trabalhando é a energia da iniciativa, que consiste em agir antes sem permitir que o medo paralise nossas ações.

3º Evite ser o burro com iniciativa

Com certeza você já ouviu a frase "o pior burro é o burro com iniciativa". Precisamos compreender bem essa verdade. Nos passos anteriores, sugerimos que você aja mesmo que possa errar, porque, em primeiro lugar, você é mais inteligente do que um burro, e a grande diferença é que não voltará a errar quando aprender com seus erros. Por isso, também sugerimos que pense com clareza antes de agir. O "burro" não sabe que é burro no sentido pejorativo da expressão. Ele age por impulso, acreditando que é muito inteligente, o que acaba estragando tudo.

Para se tomar a iniciativa, devemos ignorar o fato de que vamos errar. É errando que se aprende. E aprender com os erros não é ser burro, pelo contrário: é ser sábio. A questão aqui tem mais a ver com a autoconsciência e com humildade, com a sabedoria de não fazer algo que você não seja competente para fazer. Imagine que uma pessoa está passando mal e você, que não é um profissional da saúde, resolve salvá-la realizando um procedimento médico? Com certeza sem a sabedoria, a prática e o mínimo de conhecimento técnico, o melhor é aguardar alguém capacitado chegar e focar apenas naquilo que você pode de fato fazer para ajudar.

Faça uma análise sobre o que pode ou não fazer. Se você identificar que para determinada situação é melhor não fazer nada do que fazer algo que pode prejudicar o outro, então a melhor iniciativa é chamar alguém que possa resolver com competência a situação. Seja o esperto com iniciativa em vez de o burro com iniciativa.

4º Não espere mandar fazer

Outra expressão muito falada é "às vezes é melhor pedir perdão do que permissão". Vimos no tópico anterior que é fundamental ter a humildade e o autoconhecimento sobre o que você pode ou não fazer, aliados ao bom senso em não fazer algo que possa prejudicar determinada situação. Isso tudo, aliás, é elemento importante para dar à pessoa a confiança de agir com verdadeira iniciativa, minimizando os erros. Entretanto, e partindo do princípio de que a autoanálise já foi feita, às vezes a melhor forma de aprender a agir é fazendo algo antes que alguém mande fazer.

Há somente dois resultados quando você faz algo antes que mandem: ou você tem um acerto magnífico e será elogiado pela sua iniciativa – e, em certos casos, reconhecido como alguém que possui genialidade –, ou você cometerá um erro pelo qual poderá ser punido. Contudo, o erro se tornará um grande aprendizado, tanto para quem o cometeu como para aquele que demorou demais para dar a ordem certa. A ausência de decisão e a omissão no comando são as causas principais de subordinados que fazem algo sem permissão. Na maioria das vezes, porém, quando você se prontifica a fazer o que é certo ou o que é preciso fazer algo antes de ser ordenado, acaba encontrando o caminho mais correto para o sucesso.

Os maiores líderes da história sempre se destacaram por agir mesmo contrariando certas ordens "de não fazer", e, principalmente, se tornaram grandes líderes por fazerem algo antes que alguém os mandasse. Um bom líder também saberá perdoar e recompensar um subordinado que agiu antes que ele desse a ordem, se a iniciativa resultou em um grande sucesso. Caso o subordinado tenha errado, um bom líder saberá reconhecer seu próprio erro em não ter sido claro nem ter se antecipado ao possível erro.

5º Faça o que ninguém quer fazer

Talvez a melhor forma de aprender a tomar a iniciativa seja procurar aquelas tarefas e ações das quais todos fogem ou se esquivam por medo, preguiça ou dificuldade, mas que precisam ser feitas. Tarefas chatas ou não tão gloriosas, mas igualmente necessárias para o sucesso de um projeto, em geral, são deixadas por último e ninguém ousa fazê-las.

Procurar fazer o que ninguém quer é uma forma de agir antes dos outros e de conseguir reconhecimento pela iniciativa. Mais uma vez, a história da humanidade está repleta de exemplos de pessoas que ousaram fazer o que ninguém mais quis. A iniciativa é a qualidade daqueles que querem deixar uma marca no mundo. Sem ela o ser humano não teria saído da Idade da Pedra e realizado grandes obras. Ser o primeiro em alguma coisa ou fazer algo por iniciativa própria traz uma enorme satisfação pessoal, uma alegria e felicidade que só quem chegou primeiro consegue sentir.

Que tal melhorar sua iniciativa começando algo que planeja há muito tempo, mas que por alguma razão ainda não iniciou? Pule na piscina gelada em pleno inverno e sinta a experiência de ser o único ou o primeiro da "sua turma". Mesmo que você pegue um resfriado, ao menos, terá algo de que se lembrar. O seu grande amor pode apenas estar esperando você tomar a iniciativa. Não perca as coisas mais importantes da sua vida. A iniciativa é o caminho para sua própria felicidade e aprendizado.

• • • • • • • • • • • • • • • • • •

> "A diferença entre as pessoas que
> têm iniciativa e as que não têm
> é a diferença entre o dia e a noite."
>
> *Stephen Covey*

• • • • • • • • • • • • • • • • • •

26º Vença sua timidez

> *"Ponha de lado a timidez e os melindres ao agir. A vida inteira é uma experiência. Quanto mais experimentos você fizer, melhor."*
> RALPH WALDO EMERSON

Você é uma pessoa tímida? Mesmo que não, deve concordar que há momentos em que a timidez dá as caras. Ela não é um defeito. Todos, de certa maneira, possuem essa característica, que não é um "privilégio" apenas dos tímidos. Em menor grau, até mesmo aqueles mais ousados e comunicativos passam por momentos de retração. A timidez em excesso, porém, é prejudicial para o sucesso pessoal e profissional, bem como um empecilho para a felicidade.

Muitas oportunidades de crescimento são perdidas porque a pessoa tímida não consegue expor suas ideias. Ela também deixa de conhecer pessoas que poderão contribuir no futuro para seus projetos e sua carreira devido ao seu medo de se expor.

Medo é o termo apropriado, só que a origem da palavra vem de *timidus*, que, em latim, significa "aquele que tem medo". Todos possuem algum medo, porém o tímido acaba por deixar que ele o impeça de aproveitar a vida de maneira muito mais saudável.

Ninguém nasce tímido, mas aprende a ser. Há vários fatores que podem contribuir para que você tenha desenvolvido sua timidez. Buscar as causas é um processo que precisa ser feito e requer um bom aprofundamento da sua psique. Se o seu caso for crônico, é aconselhável procurar a ajuda de um profissional o quanto antes. Contudo, se é pontual, como para a maioria das pessoas, há algumas dicas que podem ser úteis para ajudar a vencer mais uma etapa rumo ao seu sucesso e à felicidade.

1. Perceba o que você sente

Em geral, pessoas tímidas são muito perfeccionistas. No fundo, são orgulhosas ao extremo, porque a timidez é um medo exagerado de ser criticado. Lembre-se de que você pode errar, porque está em aprendizado constante. Ninguém é tão perfeito que possa ditar o quão excelente você é ou deixa de ser.

Outro medo é o de ser criticado e julgado. É natural que queiramos dar o nosso melhor, porém nem sempre os outros entendem o nosso trabalho. Seja tolerante com as pessoas, pois cada uma tem o direito de expressar sua opinião. Quando você está tímido, o que sente? Medo de ser criticado? Medo de não corresponder aos parâmetros que acredita que os outros impuseram (e nem sempre são reais)? Medo de ser julgado? Perceber o sentimento que alimenta seu medo ajuda a combatê-lo.

2. Seja tolerante consigo e com os outros

Você pode errar e ficar em paz? Se você fica muito irritado e se cobra em demasia pelos seus erros, cuidado: isso pode ser resultado de um orgulho prejudicial. Com o tempo, a arrogância atrapalhará até mesmo os seus relacionamentos. Ninguém gosta de pessoas que são extremamente exigentes consigo e com os outros.

Perdoe seus erros e deixe os outros errarem. E se perdoe caso não tenha tido um desempenho tão bom. Nem sempre conseguimos nos sair bem em tudo. Dê risada de si mesmo. Sorrir tira a tensão e melhora a sensação de bem-estar. Você pode achar que a prática do perdão e da tolerância não tem nada a ver com timidez, mas perdoar é aceitar nossas fraquezas e as dos outros, o que nos torna mais humildes. A humildade verdadeira vence qualquer temor, pois o orgulhoso é que tem medo de passar vergonha.

3. Saia sem roupas, pintado de Deus Sol

Bem... caso você consiga fazer isso, não precisa se preocupar com a timidez. Mas, calma lá! Queremos dizer que você não é o Sol, o centro das atenções.

O tímido muitas vezes acredita que todos estão olhando para ele e julgando suas ações, quando muitas vezes as pessoas não estão nem aí. Mais uma vez, percebemos que ele precisa vencer ou a baixa autoestima, ou a autoestima elevadíssima, porque os dois casos se originam da mesma coisa: orgulho. Seja você mesmo e aceite isso numa boa. Você não precisa ser o que os outros querem nem o que pensa que os outros almejam de você.

4. Prepare-se e desafie-se

Em uma ocasião, conhecemos um rapaz do interior que não dizia nada, porque era "tímido" demais. No entanto, assim que alguém colocava uma música para tocar, ele tirava as mulheres para dançar e dançava como ninguém. Sua timidez estava relacionada à dificuldade de comunicar-se por meio da fala. Por causa disso, sentia medo de passar vergonha quando conversava com pessoas que acreditava serem mais intelectualizadas que ele, o que não ocorria com a dança, da qual era um exímio praticante desde criança, pois desde cedo sua mãe, que havia sido professora de dança, o levava para festas.

Ninguém sente medo de mostrar aquilo no qual é bom. Portanto, prepare-se, treine a habilidade que quer desenvolver. A maior parte das pessoas tem medo de falar em público porque não treina a oratória, não tem muitas oportunidades de palestrar, lê e estuda muito pouco sobre o tema.

O medo pode até aparecer durante uma apresentação, mas ele não precisa travar você. O medo pode ajudá-lo a se concentrar e buscar o seu melhor. Qual é a situação que o deixa tímido? Falar com as pessoas ou em público? Dançar? Praticar algum esporte e competir? Escolha uma situação e comece a se preparar. Estude o tema, faça aulas ou procure um professor. Treine até que se sinta confortável.

Depois se desafie, vença o orgulho, o medo de errar ou de passar vergonha e demonstre o que você aprendeu. Lembre-se de que os grandes mestres também erram e estão sempre aprendendo. Não espere a perfeição ou ficar pronto – dance conforme a música. Faça sua estreia!

5. Melhore sua postura

É fácil reconhecer uma pessoa tímida pela postura corporal. É aquela que anda sempre olhando para baixo, usa roupas discretas e prefere cores menos chamativas em tons cinza, preto ou azul-escuro. Muitas vezes o tímido anda com os ombros caídos e evita trocar olhares ou olhar nos olhos do interlocutor. Inclusive, há aqueles que andam pelos cantos se escondendo, procurando manter-se isolados nas festas. Se você passar a observar com atenção as pessoas nas ruas e nos locais públicos, encontrará algumas com essa descrição. Veja como é seu caminhar. Os passos são decididos? Os ombros e o olhar estão na altura do horizonte, com uma postura dinâmica?

Depois, procure observar como você anda, como se comporta nas festas ou quando alguém o aborda nas ruas para responder a uma pesquisa, por exemplo. Ficou incomodado, sua respiração se alterou, conseguiu olhar nos olhos da pessoa?

Observe e imite a postura de indivíduos extrovertidos. Não precisa exagerar: nada de nariz empinado e peito estufado como se quisesses mostrar ao mundo que é o rei Sol. Aproveite e se espelhe nas pessoas determinadas e equilibradas que caminham com autoconfiança, sem medo de julgamentos. Corrija sua respiração ao falar e ande com a mesma postura delas. Veja-se no espelho e repita até que consiga encarnar a postura corporal no seu dia a dia.

6. De vez em quando, coloque um girassol no seu terno ou vestido

Mais uma vez a sugestão é uma brincadeira... ou não! Poderia ser uma boa estratégia para rir de si mesmo, atrair a atenção não para que os outros vejam o quão perfeito ou bom você é, mas para notarem que não está nem aí para o que acham.

De todo modo, faça algo que jamais faria, ao menos uma vez. Aliás, nem que seja somente uma vez – será um marco de que você conseguiu vencer sua timidez. O mesmo vale para suas roupas. Por que não trocar aquelas roupas mais escuras por uma mais alegre e que chame mais atenção? Deixe as pessoas notarem você, se aproximarem. Esteja aberto a aceitar as divergências de opinião.

• • • • • • • • • • • • • • • • •

> "A timidez é um grande
> pecado contra o amor."
>
> *Anatole France*

• • • • • • • • • • • • • • • • •

Por último, não se esqueça de que às vezes a timidez também pode ajudar em alguns casos. Os quietinhos que ficam no seu canto também são muito valorizados em certos contextos.

Algumas pessoas não gostam dos muito extrovertidos e procuram os mais "tímidos" para conversar ou com quem se associar. Indivíduos mais quietos são mais introspectivos e aparentam ser mais calmos, mesmo que isso não seja verdade.

27º Busque sua unidade: dê o seu máximo e faça o seu melhor

"O mestre na arte da vida faz pouca distinção entre o seu trabalho e o seu lazer, entre a sua mente e o seu corpo, entre a sua educação e a sua recreação, entre o seu amor e a sua religião. Ele dificilmente sabe distinguir um corpo do outro. Ele simplesmente persegue sua visão de excelência em tudo que faz, deixando para os outros a decisão de saber se está trabalhando ou se divertindo. Ele acha que está sempre fazendo as duas coisas simultaneamente."

Textos budistas

Uma vez, durante um curso da Triad, um participante quis iniciar uma discussão. Quando Christian disse que as pessoas deveriam escolher um trabalho que amassem, ele discordou. Em sua opinião, elas deveriam tentar amar o que faziam em vez de procurar outra coisa. Também falou que não acreditava que alguém pudesse amar totalmente algum trabalho, mas que só deveria cumprir com sua obrigação. Afinal, nem tudo são flores em nossa vida e seria uma utopia atingir um nível de amor total pelo que se faz. Em outras palavras, fazemos o que fazemos porque somos obrigados, porque a vida assim.

De imediato, Christian procurou esclarecer seu ponto de vista e insistiu que é melhor escolher algo que se ama do que ter de se acostumar com alguma coisa de que, em princípio, não goste tanto – mais ainda, isso é mais produtivo. Christian sugeriu que a vida pode e deve ser direcionada pelas escolhas, pois sempre há formas de mudar nossa condição, por pior que ela seja, se o desejo for intenso o suficiente. Somos os autores de nossa história pela ação ou pela omissão, e ambas são o resultado de nossas escolhas.

A questão, entretanto, permanece. Devemos escolher algo que amamos ou aprender a amar o que fazemos? Qual é a diferença? Se aprendemos a amar o que fazemos, mesmo que não tenha sido nossa escolha inicial, não seremos produtivos? Não encontraremos o amor? E não aprendemos a amar algum dia? Não escolhemos o que amar e quem amar ao longo da vida? Até os poetas escolhem suas musas. Conceituar o amor, porém, é difícil. A ciência afirma que o sistema límbico é o responsável pelas emoções, mas também comprovou que o coração tem seu próprio cérebro. Ou seja, não é fácil explicar o amor, mas, quando encontramos nossa própria interpretação, não precisamos de mais nada. É o que é, o que sentimos.

Para o psicanalista Erich Fromm, o amor não é algo "fácil de ocorrer", tampouco é espontâneo. Ele afirma que deve ser aprendido. Não é um mero sentimento que acontece, mas, "uma faculdade que deve ser estudada para que possa se desenvolver – pois é uma 'arte', tal como a própria vida". Para ele, "se quisermos aprender como se ama, devemos proceder do mesmo modo pelo qual agiríamos se quiséssemos aprender qualquer outra arte, seja a música, a pintura, a carpintaria, ou a arte da medicina, ou da engenharia".[7]

Será que o amor tem sempre de ser aprendido?

---

7. FROMM, Erich. Trad. Milton Amado. *A arte de amar*. Belo Horizonte: Itatiaia, 2016. pp. 19-25.

De fato, aprendemos a amar certas coisas durante o passar do tempo, mas há também aquelas que parecem vir impregnadas em nossos genes. Como se fôssemos programados pela natureza a gostar delas. Seria vocação? Uma memória celular e genética? Se a busca filosófica dos homens é a felicidade, o que seria a unidade? E a plenitude? É possível encontrá-las em vida ou só quando chegarmos ao paraíso? E quem por ventura as encontra em vida, de certo não vive no paraíso?

Plenitude significa completo, pleno ou cheio. É o estado daquilo que foi feito ao máximo. Se pararmos para analisar por que as pessoas estão sempre tão insatisfeitas e reclamando tanto do trabalho ou da vida, veremos que não há entrega total ao que estão fazendo. Elas não dão o máximo de si, não buscam a excelência, não se incomodam profundamente quando não conseguem encontrá-la. Não se dedicam ao que amam, não amam ao que estão se dedicando e, por isso, nunca conseguem encontrar a unidade entre a mente e o coração, o corpo e a alma. Não compreendem a plenitude de preencher o tempo com a certeza de suas escolhas.

Quando não se assume a responsabilidade pela própria vida, não é possível reconhecer que estamos onde estamos por causa das próprias escolhas; acreditamos que foi a vida que assim "quis" e justificamos os próprios fracassos, assumindo a posição de vítima ou injustiçado. Ao se eximir da responsabilidade em atingir nosso pleno potencial como seres humanos, afastamo-nos cada vez mais do amor, da plenitude, da alegria e da perfeição. Tais coisas se tornam difíceis de serem compreendidas e ainda mais difíceis de serem experimentadas. Para o fraco, a força sempre é amedrontadora. Para o que nada crê, tudo é impossível. Para quem não ama, tudo é indiferença. Para quem nunca tentou superar a si mesmo, a perfeição é inalcançável.

Segundo o filósofo Arthur Lovejoy, o necessário para tornar a humanidade perfeita já existe no mundo, quer em ação, quer como potência. Inclusive é o autor do princípio da plenitude, contido na sua famosa obra *A grande cadeia do ser*. Baseado nas ideias de Platão, ele afirma que o Universo é pleno, porque se constitui de uma diversidade máxima de formas. Portanto, a unidade e a excelência podem ser atingidas, já que fazem parte do Universo e nós somos parte dele. Contudo, enquanto acreditarmos que estamos longe demais de alcançá-las, sempre estaremos longe delas. Quando viam Einstein no laboratório e perguntavam se estava trabalhando, ele dizia que estava descansando. Quando o viam sentado olhando o céu e perguntavam se ele estava descansando, dizia que estava trabalhando.

Mesmo que seja difícil encontrar pessoas ao nosso redor que sejam os mestres da sua vida, que não fazem distinção entre trabalho e lazer, ainda assim elas existem. Precisamos nos inspirar nelas até que sejamos capazes de atingir nossa unidade.

Nós só seremos plenos e felizes quando encontrarmos o amor em tudo o que fizermos e vivenciarmos. Até mesmo as dores e os dissabores não farão diferença. Só quem ama é capaz de suportar, de se entregar de tal maneira que não consiga mais viver separado daquilo que ama – essa é a unidade. Quando o indivíduo conseguir encontrá-la, ele se verá indivisível. E, se a felicidade é o caminho, o início da busca e o seu fim, também é possível encontrar a unidade no processo. A vida só será inteira se estivermos inteiramente nela.

....

"Na plenitude da felicidade, cada dia é uma vida inteira."

Johann Goethe

....

Dê o seu máximo, faça o seu melhor

> *"Só fazemos melhor aquilo que repetidamente insistimos em melhorar. A busca da excelência não deve ser um objetivo, e sim um hábito."*
> ARISTÓTELES

Todos os que atingiram a excelência ou a maestria só conseguiram quando encontraram a unidade. Isso não quer dizer que não tenham tido seus momentos de desprazer, dores, cansaço, fadiga. Contudo, foram os momentos em que deram o melhor que podiam que os aproximaram da excelência. E, a cada vez que se aproximavam da excelência, descobriam que podiam ir além.

Podemos fazer sempre as mesmas coisas da mesma forma por anos e anos. Entretanto, só vamos atingir o nosso melhor se buscarmos melhorar. E só poderemos melhorar se dermos o máximo de nós, da nossa atenção, concentração, dedicação. Tudo fica muito mais fácil quando amamos o que fazemos e estamos conscientes de nossas escolhas.

Você só vai descobrir se ama mesmo alguma coisa quando não apenas tentar fazer o seu melhor, mas dedicar toda sua energia e persistência para a atingir a excelência. A disciplina e a persistência criarão o hábito de sempre ir além. Quando conseguimos atingir a excelência, nos apaixonamos pelo que fazemos de tal maneira que mais uma vez nos tornamos unidos com nossa arte. Dizem que Michelangelo, ao terminar sua famosa escultura do rei Davi, teria exclamado "Fala! Fala!", porque estava tão perfeita que só faltava falar. Miguel de Cervantes dizia que não sabia mais se era Cervantes ou se era Dom Quixote.

A maioria dessas pessoas que se tornaram célebres pelas suas obras e serviços excelentes também teve momentos infelizes e decepções, inclusive também já foram medíocres. No entanto, o legado que nos deixaram não foram suas obras inferiores, mas seus melhores momentos. São a prova fundamental de que tudo pode ser melhorado. Tudo tem seu tempo, e o tempo é um excelente mestre, contanto que se busque aprender o que ele ensina.

É uma questão de habituar-se a não se contentar com um péssimo trabalho, em dar menos do que você pode. A vida é curta para aqueles que a desperdiçam fazendo menos do que nasceram para fazer.

A mente, o coração e a alma se unem quando atingem a satisfação de ver que seu pleno potencial foi realizado. Ele também pode ser alcançado no âmbito familiar, nas relações humanas, ao compartilhar tempo e aprendizado com quem se ama. Na entrega total, na busca pelo melhor e ao realizar obras em que nos colocamos por completo, mostramos ao mundo que a excelência não é impossível, mas que está dentro de nós.

....

> "O grande segredo para a plenitude
> é muito simples: compartilhar."
>
> *Sócrates*

....

Exercícios para encontrar a unidade e a excelência

1. Reveja sua vida e suas escolhas. O que você faz é o que escolheu? O que o impede de mudar? Quem é o responsável pela sua vida? Você ama o que faz? Se não ama, consegue aprender a amar? Se não ama nem consegue amar, reveja se não está perdendo tempo. Busque o que vai ajudar você a encontrar sua unidade.

2. Entregue-se ao prazer total no que está fazendo. Busque a unidade entre sua mente, seus pensamentos, sentimentos e escolhas. Tenha foco, dê atenção total ao que está se dedicando. Siga o conselho do imperador e filósofo Marco Aurélio: "Aplica-te a todo instante com toda a atenção... para terminar o trabalho que tens nas tuas mãos... e liberta-te de todas as outras preocupações. Delas ficarás livre se executares cada ação da tua vida como se fosse a última". Perca-se e deixe que os outros decidam se você está trabalhando ou se divertindo.

3. Você costuma fazer sempre as mesmas coisas? Existe algo que possa melhorar? Alguma vez já teve a impressão de ter dado o seu máximo? Há alguém que faça o que você faz melhor do que você? O que impede de você fazer o melhor e ser melhor do que seu concorrente? Se não gosta de competir com os outros, desafie a si mesmo!

4. Busque fazer o seu máximo em seu trabalho e em seus relacionamentos. Dê tudo de si mesmo que os outros não entendam, mesmo que não dê resultados excelentes. Espere, seja persistente e disciplinado em melhorar sempre. Estipule algo que vai fazer até que alcance a excelência e não se contente com nada inferior. Nenhum grande mestre atingiu seu máximo do dia para a noite. Por essa razão, não desanime ao ver que os resultados estão longe do ideal.

28º Simplifique as coisas e elimine o desnecessário

> *"A simplicidade é o último degrau da sabedoria."*
> Khalil Gibran

Quando a vida começa a ficar muito complicada, é sinal de que estamos precisando simplificar a rotina. Não é uma questão de ter menos do que merecemos ou queremos, ou de minimalismo. É uma questão de simplicidade. Ser simples é ser prático, descomplicar o processo, tornar as coisas mais rápidas. Os maiores inventos foram aqueles que conseguiram facilitar métodos e procedimentos, tornar a vida mais confortável e prática. Não estamos dizendo que seja fácil – muitos gênios investiram horas nisso. Contudo, em diversas ocasiões, eles ficaram perplexos ao perceber que a solução de um problema era mais simples do que imaginavam.

    O ser humano gosta de complicar as coisas e acaba se arruinando. Bruce Lee dizia que sua arte marcial, para ser eficaz, deveria ser a mais simples possível. Podemos viver a vida com simplicidade, mesmo se rodeados de luxo. Ser simples não significa ter pouco, assim como humildade não tem nada a ver com pobreza. Há milionários que possuem um estilo de vida muito simples e pessoas da classe média que adotam estilos prejudiciais e complicados para manter uma imagem para si e para os outros que não lhes traz felicidade. Também há pobres em estado de miséria que não são humildes. Ser humilde é reconhecer o que se é e saber o seu potencial, sem orgulho ou arrogância, sem autodepreciação.

Da mesma forma, ser simples é atingir um estado de espírito no qual não importa a aparência externa das coisas, mas, sim, a sensação de satisfação pessoal que elas provocam. Isso só pode ser conseguido quando não se dá atenção ao que os outros vão pensar ou dizer. O que importa é como alguém se sente. Em muitas ocasiões, o simples dá mais prazer do que as coisas complicadas (às vezes, complicar é um masoquismo disfarçado). Há momentos em que é glorioso realizar grandes façanhas, porque enaltece o ego. Os heróis gregos buscavam a fama eterna que só seria alcançada se fizessem o que as pessoas normais não poderiam. Entretanto, até mesmo o maior de todos os heróis gregos, Hércules, simplificava seus trabalhos. Quando teve de limpar os estábulos de Aúgias, o que deveria levar milhares de anos, conseguiu fazê-lo em um único dia. Tudo graças a uma ideia simples. Hércules desviou com diques os rios Alfeu e Peneu. As águas fizeram seu trabalho tão rapidamente e bem que Hércules não cabia em si de alegria. Além de poderoso, era inteligente, capaz de resolver problemas. E ainda fez mais do que o combinado, porque não só tinha limpado os estábulos, como também os lavara.

Nossa felicidade pode estar escondida debaixo de muita sujeira, acumulada por nossa própria interpretação complicada do que é viver. Será que não estamos carregando peso desnecessário em nossa bagagem? Será que não estamos conseguindo visualizar que a solução para a nossa infelicidade consiste em olhar o mundo de maneira simples?

Em algum momento, começamos a esquecer que a simplicidade não é pouca coisa. Ela é um estado de espírito que só pessoas de consciência elevada podem perceber. Para atingi-la, temos que rever a forma como interpretamos nossa vida e nos elevar além do superficial.

Para isso, é preciso eliminar ideias desnecessárias que acabamos aceitando como importantes. Precisamos simplificar nossa forma de pensar, sentir e viver a vida para que ela seja mais produtiva e feliz. Temos que limpar nossas mágoas, nosso orgulho, nossa ingratidão. Limpar a neurose que deixamos acumular em nossa alma e tudo o que nos afasta de desfrutar o que a vida tem a oferecer.

O que é ser simples para você? Se tem dificuldade em responder à pergunta, é porque ainda está com uma visão complicada das coisas. Basta retirar tudo o que atrapalha, que faz perder tempo, que causa muito conflito interno, que é pesado. Foque apenas no necessário e jogue fora o resto – este é o caminho mais fácil para a simplicidade. Quando conseguimos ver que também se pode viver sem o que o progresso nos obriga a consumir, passamos a ver a beleza do mundo no seu estado natural, na essência.

Dê valor às pequenas coisas, aos gestos, às atitudes, reconheça a grandeza das pessoas humildes de verdade. Valorize as pessoas que conseguem viver sem carregar arrogância, prepotência, presunção ou exibicionismo, seja qual for sua riqueza material. Tudo isso nos aproxima da simplicidade.

Devemos perdoar aos outros e a nós mesmos. Por que vamos carregar ressentimentos se eles nos tornam cegos ao que é simples? Por que temos sempre que mostrar às pessoas que somos mais do que elas? Por que temos que seguir as modas e tendências daqueles que gostam de tornar a vida complexa e desnecessária? Isso não cansa?

A natureza se expressa de forma extremamente simples. Um rio segue o caminho mais simples possível. Quando encontra obstáculos, ele os contorna ou passa por cima deles. Na natureza o desnecessário não sobrevive por muito tempo. Muitos cientistas, inventores e heróis encontraram na simplicidade da natureza as soluções para os problemas mais complexos. Dentro de nossa mente e do nosso coração não pode haver espaço para o dispensável. Só assim podemos enxergar com novos olhos a vida e encontrar a essência das coisas.

> "A habilidade de simplificar significa eliminar o desnecessário para que o necessário possa se manifestar."
>
> Hans Hofmann

Exercícios para aprender a simplificar a vida

1. O que é ser simples para você? Procure escrever o que considera importante em sua vida. O que você consegue viver sem e ainda assim ser feliz e realizado?

2. De que maneira você pode fazer as coisas que faz de forma mais prática? O que será que não está conseguindo solucionar por enxergar o problema como algo muito complexo? Pense de forma simples, sinta como sendo simples, e tudo seguirá o curso mais natural possível.

3. O que é o necessário em sua vida? O que é um peso desnecessário? Como você pode se livrar de suas próprias interpretações complexas da vida? Jogue fora o que não serve. Faça uma lista com dez itens que a partir de agora não vai mais carregar consigo. Limpe o lixo dos estábulos da consciência, renove sua forma de pensar na vida e lave seus sentimentos com as águas do perdão.

4. Procure ver a vida de forma mais simples. Reconheça as coisas que são simples, mas que podem dar o mesmo nível de satisfação a você. Encontre no seu dia a dia aquilo que pode fazê-lo mais feliz.

29º Faça algo memorável

> *"Foi um dia memorável, pois operou grandes mudanças em mim. Mas isso se dá com qualquer vida. Imagine um dia especial na sua vida e pense como teria sido seu percurso sem ele. Faça uma pausa, você que está lendo, e pense na grande corrente de ferro, de ouro, de espinhos ou flores que jamais o teria prendido não fosse o encadeamento do primeiro elo em um dia memorável."*
> CHARLES DICKENS

Quais serão as suas melhores histórias? Todo mundo que passa por este planeta acrescenta algo à enorme epopeia terrestre. Até uma lesma deixa um rastro na Terra. Um instante efêmero deixa uma marca para a eternidade. Tudo é aprendizado, tem potencial de se transformar em algo, faz história, mesmo que um dia morra.

Muito antes das pinturas rupestres, antes da invenção da linguagem escrita, muito antes de a humanidade registrar em pedras, placas de argila, papiros e livros suas histórias e dramas, as pessoas se reuniam em volta de uma fogueira para ouvir o contador oficial de histórias da tribo. Há algo que nos prende, nos fascina, nos seduz e conecta com o todo ao ouvirmos uma boa história.

Certa vez, um casal de amigos contou a história de uma mulher muito idosa que havia passado por muitas coisas desde antes da Segunda Guerra Mundial. Ela faleceu antes de completar seus 98 anos sem que registrassem suas incríveis histórias, porém cada familiar guardou as narrativas surpreendentes que ouviu inúmeras vezes. Só depois entenderam o ensinamento que nelas continham. Parece que a morte nos ensina a valorizar muitas coisas.

Como seria a humanidade se nascêssemos com uma etiqueta dizendo a hora, o dia, o mês e o ano de nossa morte? Será que aproveitaríamos melhor o tempo e a vida?

O filme *Quebrando a banca* fala de uma experiência que mudou a vida de um jovem. Ele não tinha nada de formidável até que usou suas habilidades matemáticas para roubar um cassino. O professor havia perguntado o que o rapaz já havia feito de interessante ou extraordinário, mas ele havia vivido de maneira banal e sem nenhuma aventura. Claro que você não precisa cometer crimes ou prejudicar alguém, mas será que não haveria uma maneira de realizar algo que desse uma boa história? O que você vai contar para seus filhos e netos? Nas palavras do escritor e filósofo Mario Sergio Cortella: "Não é a morte que me importa porque ela é um fato. O que me importa é o que eu faço da minha vida enquanto a morte não acontece, para que essa vida não seja banal, superficial, fútil e pequena".

Se você já possui uma grande história em sua vida, ótimo! Que tal escrevê-la e compartilhá-la com os outros? Agora, se você não viveu uma boa história e sente o desejo de construir algo que valha a pena, siga algumas dessas dicas para ter momentos memoráveis.

1. Saiba bem o que quer para não se arrepender

Você é o roteirista, o ator principal, o diretor e o produtor da sua própria vida. Atraímos o que cultivamos em nosso inconsciente, por isso devemos escolher com cuidado o tipo de história que queremos. Escolha um drama ou uma comédia. Um amigo se alistou na Legião Estrangeira porque queria ter histórias de sobrevivência e emoção, participou de eventos perigosos até que se cansou. Uma amiga escreveu o tipo de romance que queria viver. Depois de alguns anos, encontrou o seu grande amor "por acaso" em uma viagem a Paris, exatamente como havia imaginado. Escreva a grande história da sua vida e imagine que ela é real. Com a força do seu desejo, ela cedo ou tarde acontecerá.

2. Colecione histórias que mexam com você

Algumas pessoas vivem grandes histórias sem procurar por elas. O cinema está repleto de casos reais. Um casal sai de viagem e tem que sobreviver a um tsunami. Uma mulher passa por dificuldades depois de um acidente e se transforma em uma notável advogada. Um casal que ganha na loteria acaba mais pobre do que antes. Quais delas mexem com você? E por quê? Qual tema mais seduz você? O que você toparia fazer para vivenciar experiências similares? Como reagiria se a história acontecesse com você?

3. Faça a sua lista de ações

Nunca é tarde demais para realizar um grande sonho, para tirar do papel aquele projeto de vida. O que ajuda a conduzir nossos desejos em direção à realização é escrever uma lista de coisas que você quer alcançar ou realizar em sua vida. Não há regras. Se não gosta de futebol, não coloque "assistir à Copa do Mundo" só porque quase todo mundo acha uma grande história para contar. Você escolhe o que mais importa para sua vida, seja uma viagem, um bem material que queira adquirir ou um idioma que queira aprender.

O filme *Antes de partir* dá uma excelente ideia de como podemos aproveitar nossa vida com grandes ou pequenas coisas. O título em inglês, *Bucket List*, é uma expressão usada para explicar um número de experiências que a pessoa espera realizar antes de morrer. O filme conta a história do bilionário Edward Cole (interpretado por Jack Nicholson) e do mecânico Carter Chambers (interpretado por Morgan Freeman), dois pacientes terminais que dividem o mesmo quarto de hospital. Quando se conhecem, resolvem escrever uma lista das coisas que desejam fazer antes de morrer e decidem realizá-las. Ainda não assistiu ao filme? Que tal colocá-lo em sua lista?

4. Encontre alguém que você realmente estime ou admira

Quem você admira e por quê? O que pode aprender com ele ou ela? Conhecer alguém admirável ou que você tenha estima não é bajulação ou vaidade pessoal. É entrar em contato com suas histórias de vida. Algumas pessoas de fato possuem uma aura magnética que pode ser sentida e compartilhada. Muitas vezes conhecer um ídolo serve para descobrir que ninguém é perfeito. Mas admirar e aprender com alguém enriquece muito a nossa vida.

5. Ao menos uma vez viaje sozinho ou com um amigo

Uma maneira rápida e fácil de acumular boas risadas, aventuras e histórias é viajar. Fazer isso sozinho é uma forma de aprender a não depender de ninguém; se estiver com um amigo, significa valorizar a amizade e o cuidado com o outro. Você pode planejar a viagem ou experimentar a aventura de seguir o vento, sem planos, sem muita bagagem. Um bom planejamento pode valer a pena. Que tal planejar sua próxima viagem solo? Ou convidar um grande amigo ou parente para fazerem uma viagem de lazer? Coloque na sua *bucket list*.

6. Viva o momento com todo o seu ser

Uma grande história só é possível se você estiver 100% presente. Se estiver envolvido de corpo, mente, alma e coração, suas aventuras serão inesquecíveis. Como diria o poeta Fernando Pessoa, "tudo vale a pena se a alma não é pequena".

Grandes contadores de histórias aprofundam-se tanto nelas que colocam a própria alma na narrativa, e por isso encantam a todos que os ouvem. Viver o momento com tudo é dá-lo o poder da eternidade e da grandeza. Lembre-se de que é você quem faz a diferença. É você quem dá o tom. Independentemente do que aconteça, se você se entregar completamente, será uma grande história. Beber um café pode ser simples ou extraordinário a depender do quanto você se coloca nesse pequeno prazer.

7. Não leve arrependimentos, mas traga boas experiências

Milhares de pessoas andam pela vida carregando o peso de milhares de arrependimentos. Arrepender-se de coisas ruins é importante para nossa evolução, mas ficar rememorando nossas falhas não nos liberta.

Devemos sair da vida sem arrependimentos, em especial o de não termos feito aquilo que queríamos ou deveríamos. Por essa razão, não leve para suas histórias os seus remorsos, a menos que eles ajudem outros a não cometerem seus erros. Fique apenas com as boas experiências.

Tudo pode ser ressignificado, transformado em aprendizado. Em toda situação não muito boa, há sempre a semente de um benefício equivalente. Extraia apenas as boas experiências. Assim, quando a morte estiver sorrindo para você, poderá sorrir de volta para ela, porque fez tudo o que quis e não ficou com nenhum arrependimento – apenas grandes histórias.

"Dizem que a vida é para quem
sabe viver, mas ninguém nasce pronto.
A vida é para quem é corajoso
o suficiente para se arriscar e
humilde o bastante para aprender."

Clarice Lispector

30º Acredite: ajude a fazer alguém feliz

*"Aquele que é feliz espalha felicidade.
Aquele que teima na infelicidade, que perde
o equilíbrio e a confiança, perde-se na vida."*
ANNE FRANK

Nossa felicidade está ao nosso alcance, basta que acreditemos nisso. A força interior que possuímos está muito além do que a ciência humana pode desvendar. Acreditar é um dos requisitos para se conseguir tudo na vida. É a fé inabalável na própria capacidade que torna qualquer sonho possível. A felicidade, o equilíbrio e a realização de nosso propósito só podem ser atingidos quando começamos a acreditar.

O primeiro trabalho é, portanto, acreditar e manter a confiança até que ela se transforme em algo que não pode ser abalado por nada. E isso é responsabilidade da própria pessoa.

O segundo trabalho é persistir com paciência e disciplina. Ser produtivo e feliz requer uma boa dose de disciplina, pois precisamos assumir o controle de nossa vida e a responsabilidade por nossos pensamentos, sentimentos, atitudes e resultados. Isso também é responsabilidade da própria pessoa.

O terceiro trabalho é saber definir o que é a felicidade para nós, quais são nossos valores, motivações, alegrias, metas, projetos e sonhos, bem como quem são as pessoas que importam para nós e quem somos de verdade. Mais uma vez, isso é responsabilidade de cada um. Uma vida é tempo suficiente para aprendermos o que é felicidade ou não. É preciso estarmos atentos e traçar as diferenças.

Uma vida infeliz é aquela em que todas as oportunidades são desperdiçadas, em que o medo e a covardia se tornam o guia das ações de uma pessoa. Um indivíduo infeliz é aquele que se perde de tal maneira que não consegue sentir amor por nada nem ninguém.

Uma vida infeliz é aquela em que os amores morrem antes de nascerem por causa da timidez e da falta de iniciativa. Um indivíduo infeliz não consegue perceber que tudo muda e que não se pode permanecer sempre no conformismo. É incapaz de ouvir o chamado da alma para o despertar de seus talentos e de suas habilidades. Um ser infeliz é aquele que não consegue acreditar que se possa seguir o amor e a excelência em tudo o que se faz. É aquele que não consegue ver a felicidade nem no ouro nem no serviço aos outros. É escravo de suas paixões, do descontrole e do desequilíbrio. É servo de suas limitações e, acima de tudo, incapaz de se alegrar. Com isso, também é incapaz de ser grato. Talvez a única alegria do infeliz seja ver o feliz se tornar infeliz como ele.

O infeliz fica ainda mais enraivecido quando vê que a pessoa feliz que sofreu algum infortúnio e caiu na infelicidade logo voltou a ser otimista e renovou suas esperanças – pois quem aprende como encontrar a felicidade nunca mais teme o labirinto.

Quem se cerca de ouro por não ter amigos é infeliz, quem é incapaz de elogiar se afasta cada vez mais das pessoas. Quem é incapaz de entender que o dinheiro em si não é a felicidade e não consegue dizer a ele qual o seu lugar acaba se tornando o mais miserável de todos. Quem não sabe utilizar o tempo para terminar o que começa, tampouco investe tempo nos relacionamentos importantes e na família, encontra a infelicidade e o arrependimento mais cedo do que imagina. Uma vida infeliz é repleta de pessimismo, ressentimento, mágoas e culpados.

A pessoa infeliz chama de loucos todos os Quixotes que acreditam que se possa alcançar a estrela inatingível, que se possa fazer um trabalho de amor, ser como uma criança criativa, enxergar tudo com olhos renovados. Quanto mau humor têm as pessoas infelizes: odeiam as crianças porque brincam e porque, principalmente, acreditam. Os infelizes não suportam ver como elas conseguem encontrar a felicidade na simplicidade.

Acima de todas as coisas, o infeliz odeia aqueles que mantêm a fé, porque para ele não é possível encontrar equilíbrio e felicidade na vida. Quando esbarra com alguém que acredita, não suporta e o despreza, acha que é um tolo, um sonhador. Aliás, uma pessoa infeliz ainda não sabe diferenciar o que é sonho da ilusão.

William Shakespeare dizia que o mundo seria um inferno se todos fossem felizes. De fato, a felicidade é composta de momentos. Poucos são os que conseguem permanecer em estados felizes por muito tempo, inclusive porque a vida é a alternância de estados. Precisamos passar por dissabores para valorizarmos o que é bom e crescermos. O poeta, porém, não precisa temer o inferno na terra, porque os infelizes estão sempre em maior número, justamente porque não conseguem acreditar. O que faz a diferença entre um ser infeliz daquele que se torna feliz é que o último dá um passo de cada vez, começando por acreditar.

As pessoas felizes querem espalhar cada vez mais sua felicidade, mas devem entender que cada um tem o seu tempo. Não se pode forçar ninguém a ser feliz, pois essa é uma decisão que cabe a cada um. É um ato de coragem lançar-se à busca, mas cada um deve realizar por si mesmo. O que o ser humano pleno de felicidade pode fazer é estender as mãos e ajudar no que puder, mesmo que seja apenas mostrando o caminho. O tempo sabe ajudar quem se ajuda.

Gerenciar o tempo também é responsabilidade das pessoas felizes. O tempo é um recurso que precisamos aprender a administrar para que não nos tornemos vítimas de nossas próprias ilusões e expectativas irreais. É preciso ver a beleza de nossa verdadeira face. Temos que encontrar a essência da nossa verdade antes que o tempo esgote todas as nossas esperanças.

Acreditar é a força que reaviva nossas esperanças, aquece nossos desejos e nos motiva a realizar nossas metas. Temos que confiar em algo, alguém ou alguma coisa, seja em si mesmo, nos amigos, familiares, na sua fé pessoal ou em Deus. A grande diferença entre aqueles que conseguiram atingir seu pleno potencial e que tiraram da vida todo o seu contentamento e abundância dos que só culparam as circunstâncias e que reclamaram de tudo o que lhes aconteceu foi e sempre será a capacidade de acreditar.

Não é difícil. Basta imaginar que é possível, desejar e deixar o coração criar. Imagine que é, acredite e será. Deixe sua criança interior trabalhar junto ao seu adulto competente para que a vida seja equilibrada, sem excessos, sem estresses desnecessários e sem as preocupações que tanto tiram o nosso sono.

Acredite que seus olhos podem ver a felicidade passada, presente e futura. Creia e se abra com gratidão para receber aquilo que você e só você criou e fez por merecer. A felicidade é uma busca. É o caminho, o início e o fim em si mesmos. O equilíbrio é apenas uma importantíssima ferramenta para poder viver com qualidade, produtividade e utilidade. Com equilíbrio, o tempo se prolonga e a vida se transforma. Assim, é possível encontrar a felicidade mais duradoura.

Mas isso, de novo, é responsabilidade da própria pessoa. Cada um carrega a capacidade para ser o que quiser, feliz ou infeliz – é uma escolha pessoal. Cada um vive para experimentar sentimentos, pensamentos e acontecimentos que são totalmente programados ou aceitos por cada pessoa. Essas são verdades que demoramos a compreender. Muitos passam uma vida inteira e nem no instante derradeiro conseguem perceber que o maior aprendizado é viver cada momento como se fosse o último. Isso só é difícil para quem acredita que é difícil. Ser feliz e produtivo é uma escolha de cada um. Pessoas felizes assumem a responsabilidade de buscarem a felicidade e a produtividade.

Teimar na infelicidade é responsabilidade de todo infeliz.

Ande devagar e sem pressa rumo à sua definição de felicidade, mas saiba que você é capaz a partir de agora de fazer uma nova história. Por mais que tenha tido momentos ruins, se acreditar que seus dias podem ser melhores, mais equilibrados a cada momento, mesmo que esteja na pior das situações, poderá encontrar a alegria e ajudar as pessoas que ama a encontrarem a luz. Basta você acreditar.

É preciso apenas viver cada dia de cada vez, sem se preocupar com o futuro. Mesmo diante dos maiores sofrimentos, é possível encontrar dentro de você mesmo a força para continuar, renovar as esperanças e não se deixar abater pelas circunstâncias. Procure ser feliz a cada dia e deixe a tristeza para o próximo. Pare e pense no poder das palavras, como ensina uma inscrição que encontraram na parede de um dormitório de crianças do campo de extermínio de Auschwitz:

Amanhã fico triste,
Amanhã.
Hoje, não.
Hoje fico alegre.
E todos os dias,
Por mais amargos que sejam,
Eu digo:
Amanhã fico triste,
Hoje, não.
Para hoje e todos os outros dias!

Quanta força essas palavras deram àquelas crianças? E quem as escreveu? Será que conseguiu sobreviver? Ou enfrentou seu destino com alegria dando aos outros um grande exemplo ao sorrir para a morte?

Ajude a fazer alguém feliz

> *"O prazer dos grandes homens consiste em poder tornar os outros felizes."*
> BLAISE PASCAL

A felicidade é um júbilo, uma alegria intensa, uma satisfação profunda. Em muitos momentos, a felicidade é a plenitude, ainda que sentida apenas por um instante, mas que nos dá a sensação da eternidade.

Ela pode ter muitas definições e se manifestar de muitas formas. Quando somos felizes de verdade, sentimos uma energia tão poderosa e grandiosa que não cabe apenas em nós. Entender o que é a felicidade inevitavelmente nos leva ao amor, e o amor verdadeiro não se restringe apenas à própria pessoa.

Quem ama quer expandir e enviar o amor a todos. Quem alcança a felicidade se sente ainda mais feliz vendo outras pessoas bem. E se puder contribuir para que outros se sintam alegres, se sentirá ainda mais realizado. O amor e a felicidade podem curar e prolongar a vida.

A extraordinária história do homem mais rico de todos os tempos

John Davison Rockefeller acumulou seu primeiro milhão aos 33 anos de idade. Fundou a Standard Oil Company com seu irmão e mais alguns sócios. Aos 43 anos, havia construído o maior monopólio do mundo.

Obcecado pelo dinheiro e sem tempo para nada além do trabalho, as preocupações o dominaram e sua saúde ficou profundamente debilitada. A alta tensão, o estresse e a desconfiança que sentia das outras pessoas, ao lado da insônia e da má alimentação, fizeram de um homem que nascera com uma constituição forte e saudável parecer uma múmia aos 53 anos.

Atacado por enfermidades digestivas, queda de cabelo, até mesmo dos cílios, sua condição era tão séria que durante um tempo teve que subsistir à base de leite humano. O trabalho incessante, a preocupação constante, as noites maldormidas, a falta de exercícios físicos e de descanso estavam começando a apresentar consequências alarmantes.

Enquanto muitos homens de sua época estavam no auge na sua idade, ao se olhar no espelho, Rockefeller via um velho assustador, sem cor, com ombros caídos, passos morosos e vacilantes. Seu salário era de 1 milhão de dólares por semana, mas só podia comer leite e bolachas.

Mais do que o resultado de vários anos de pressão e tensões devido ao trabalho, sua saúde debilitada se devia à maneira como conduzia seus negócios e sua vida. Aos 33 anos, ele estava determinado a se tornar o homem mais rico do mundo. Quando obtinha lucro, fazia uma dancinha; quando perdia dinheiro, porém, ficava doente.

Certa vez, enviou uma carga de grãos que valia 40 mil dólares pela região dos Grandes Lagos sem contratar seguro, porque o achou muito caro. Naquela noite houve uma grande tempestade, e Rockefeller estava tão preocupado de perder a carga que, quando um de seus sócios chegou ao escritório de manhã, o encontrou andando impacientemente de um lado para o outro.

O sócio então correu e contratou o seguro. Quando retornou ao escritório, Rockefeller estava muito pior, seu estado de nervos era fora do normal. A carga havia chegado a salvo, mas ele estava mais nervoso porque gastaram muito dinheiro no seguro. Ficou tão doente que teve que ir para casa e direto para a cama. Sua empresa faturava milhares de dólares e ainda assim não conseguia se sentir seguro e equilibrado. Seus biógrafos diziam que ele não tinha tempo para nada, exceto ganhar dinheiro.

Seus sócios tentavam levá-lo para passeios, mas ele se recusava. Trabalhava nos fins de semana e vivia mal-humorado e preocupado. Durante toda a sua carreira, nunca colocou a cabeça no travesseiro sem lembrar que o sucesso poderia ser temporário. Ele era louco por dinheiro.

Em uma ocasião, Rockefeller confessou a um vizinho que queria ser amado, mas era tão frio e desconfiado que poucas pessoas gostavam dele. O próprio irmão o odiava. Os empregados e associados tinham medo dele. Ele tinha medo deles também. Seu lema era "feche a boca e administre seu negócio".

Sua vida desmoronou mais. Denúncias e processos de atividades ilegais de monopólio caíram sobre ele e a empresa. Passou a ser chamado de Barão Ladrão devido a vantagens secretas, esmagamento cruel de concorrentes e outras acusações. Era o homem mais odiado do planeta – queriam matá-lo. Ameaças vinham pelo correio aos montes. Contratou seguranças, tentou ignorar o ciclo de ódio e o medo. Dizia de forma cínica que sempre conseguia o que queria, uma tentativa de manter as aparências de que não se importava. Mas tudo aquilo o estava corroendo.

No final das contas, descobriu que não aguentava o ódio nem a preocupação. Sua saúde começou a enfraquecer, a doença o deixou perplexo e o atacou de dentro para fora. No início, ele a manteve em segredo. Tentou não pensar no mal-estar, mas a insônia, a indigestão e a perda de cabelo não podiam ser ignoradas.

Os melhores médicos que o dinheiro podia comprar lhe avisaram do que iria acontecer. Deram-lhe apenas duas alternativas: se aposentar ou morrer. Teria que escolher entre o seu dinheiro e as preocupações ou a vida. Ele se aposentou, mas seu estilo desequilibrado já havia acabado com sua saúde. As pessoas olhavam para ele e só conseguiam sentir pena. Aos 53 anos, estava acabado.

Os médicos resolveram salvar sua vida e estipularam três regras que ele deveria seguir à risca:

1. Evite preocupação; não se preocupe com nada.
2. Relaxe e faça exercícios ao ar livre.
3. Cuide da sua dieta.

A doença o fez rever sua vida, seu tempo e seus valores. Ele se aposentou e aprendeu a jogar golfe. Começou a fazer jardinagem, passou a conversar com os vizinhos, aprendeu a brincar e a cantar. Durante os dias de tortura e noites de insônia, Rockefeller também teve tempo para refletir. Ele começou não só a pensar no quanto podia ganhar, mas nos outros e no quanto aquele dinheiro poderia ajudar a felicidade humana.

Começou a distribuir os seus milhões. Quando oferecia dinheiro para uma igreja, os púlpitos em todo o país reclamavam que era sujo, mas ele continuou doando. Começou a ajudar as faculdades, instituições e centros de pesquisas. Ajudou na luta contra doenças, financiando a erradicação de muitas enfermidades em todo o mundo por meio de uma fundação internacional que fundou. Distribuiu vacinas contra cólera e malária. Nunca houve nada parecido com o trabalho humanitário que prestou.

E o que isso tudo trouxe a ele? Quando doava dinheiro, obtinha a tão sonhada paz de espírito. Mudou tão completamente que nada mais era capaz de preocupá-lo e tirar seu sono, mesmo quando teve que pagar a maior multa de toda a história. A religião serviu como uma forte orientadora. Rockefeller acreditava que a fé era a fonte de seu sucesso. Pela crença de que poderia se tornar feliz e alcançar o equilíbrio, viveu até os 98 anos.

Fazer os outros felizes nos traz felicidade. Há muitas maneiras de ajudar. Rockefeller usou o dinheiro para encontrar seu propósito, seu equilíbrio e sua felicidade. Chega a ser irônico: a mesma coisa que tirou sua saúde foi o meio que possibilitou que vivesse mais. No entanto, isso só aconteceu quando aprendeu como colocar o dinheiro no seu devido lugar e fazer dele um meio, não um fim.

Cada um dá o seu melhor. Se não temos a fortuna de Rockefeller, podemos dar nosso tempo, nosso talento. Podemos agir dentro da nossa esfera familiar. Podemos até levar felicidade a um animal. Assim, aumentaremos a nossa própria felicidade.

Quem ama passa a querer amar ainda mais, sem medida, sem limites. Você só poderá ajudar alguém primeiro sendo feliz; para isso, precisa acreditar que é possível. Precisa encontrar seu ponto de equilíbrio. Então será capaz de brilhar de tal maneira que conseguirá espalhar a felicidade por onde for e em qualquer situação.

....

Não busque o final feliz,
seja feliz a vida toda!

....

Exercícios para ajudar a encontrar a felicidade

1. Diga todos os dias para você mesmo o quanto é alegre e feliz. Olhe para o espelho e não saia da frente dele até que acredite em suas próprias palavras. Depois, simplesmente afirme: "Sou feliz e alegre hoje e todos os outros dias!".

2. Procure uma forma de deixar alguém feliz. Pode ser por meio de uma doação em dinheiro a alguma instituição. Pode ser doando seu tempo ou talento, dedicando-se a um serviço voluntário. Pode ser ajudando alguém da sua própria família ou um desconhecido.

Agradecimentos

Christian

Eu sempre acho que a seção de agradecimentos é uma forma injusta de reconhecer algumas pessoas e esquecer outras igualmente importantes, mas que não vieram à tona no momento da escrita. Por isso, gosto de agradecer de maneira genérica, assim todos se sentem contemplados.

Primeiro, quero agradecer ao meu irmão, Alexandre, que topou o desafio de redigir estes 30 passos comigo. Eu sempre aprendo com a experiência e consistência do que ele escreve e pesquisa. Nestas páginas, você pôde absorver um pouco de sua mente brilhante.

Quero agradecer à Editora Planeta pelo convite para realizar esta obra, quando eu não pensava em escrever outro livro. O desafio e a parceria foram motivadores para levar o projeto adiante.

Preciso agradecer a todos os meus leitores, que me acompanham desde 2003 em artigos, palestras, consultorias, treinamentos e livros sobre produtividade pessoal e gestão do tempo. Sem o *feedback* de vocês, sem a tribo de andarilhos (pois quem corre perde vida!), nada disso seria possível. Sou muito grato ao tempo que dedicam ao ler meus escritos, acessar meus vídeos e acompanhar minhas redes sociais. Obrigado por permitirem que minha missão neste mundo seja cumprida.

Por último, gostaria de agradecer à minha família toda – cujos nomes prefiro não citar, pois seria injusto com tantas pessoas que nos apoiam e nos estimulam a sonhar e a fazer de sonhos uma realidade produtiva.

Vamos andar!

Alexandre

Agradeço, em primeiro lugar, ao Criador por ter inventado o tempo e a felicidade, duas ideias sensacionais que, unidas, fazem a vida valer a pena. Agradeço aos amigos que, próximos ou distantes, são sempre verdadeiros.

Agradeço à Clarissa Melo pela dedicação e pelo trabalho esmerado. Cassiano Elek Machado: não posso deixar de agradecê-lo profundamente por acreditar no projeto e por torná-lo realidade. Obrigado a toda equipe da Editora Planeta, que trabalha para realizar sonhos.

E, principalmente, agradeço com todo o meu coração à minha família, que sempre me incentiva, inspira e dá todo o suporte de que preciso para seguir em frente. Vocês me fazem entender e sentir o significado de felicidade.

Aos meus amados pais, Américo e Glaucely, que leem meus textos com toda a dedicação e paciência, fazendo sugestões, correções e elogios. Obrigado por serem tão presentes em minha vida. Ao meu irmão, Christian, que sempre orienta minhas ideias, minha produtividade, e por sua realização ao me ensinar a pisar no chão e a manter a alma voando ao mesmo tempo. Seu exemplo me faz buscar ser sempre melhor. À minha cunhada exemplar e irmã de longa data, Andressa, e aos meus sobrinhos, Gabriel e Miguel, companheiros de aventuras.

À minha amada Analí, esposa, amiga e confidente, que me dá suporte em todos os meus sonhos e segurança para encontrar meu equilíbrio. Obrigado por ser uma mãe tão dedicada e por ter me ajudado a encontrar minhas maiores alegrias e bênçãos. E às minhas filhas, Ana Vitória e Christine, que me mostraram a felicidade de ser pai. Em especial, a você, Christine, por me ensinar que a felicidade é simples e está sempre ao alcance daqueles que a buscam.

**Acreditamos
nos livros**

Este livro foi composto em Dante MT Std
e Bliss Pro e impresso pela Gráfica Santa Marta para
a Editora Planeta do Brasil em junho de 2019.